French Landscapes

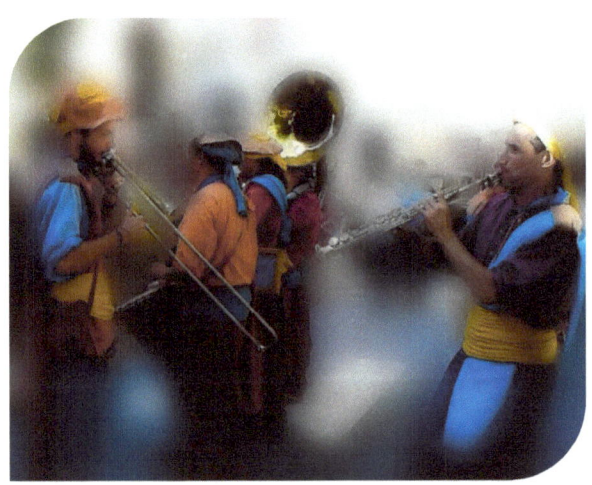

Photography

And Poems in *French...*

Landscapes

Haubyn

ISBN : 978-1530680658

CÔTE D'AZUR PROVENCE LANGUEDOC
ROUSSILLON CÔTE D'AZUR PROVENCE
LANGUEDOC ROUSSILLON

CÔTE D'AZUR PROVENCE LANGUEDOC
ROUSSILLON

CÔTE D'AZUR PROVENCE LANGUEDOC
ROUSSILLON

CÔTE D'AZUR PROVENCE LANGUEDOC
ROUSSILLON

CÔTE D'AZUR PROVENCE LANGUEDOC
ROUSSILLON

CÔTE D'AZUR PROVENCE LANGUEDOC

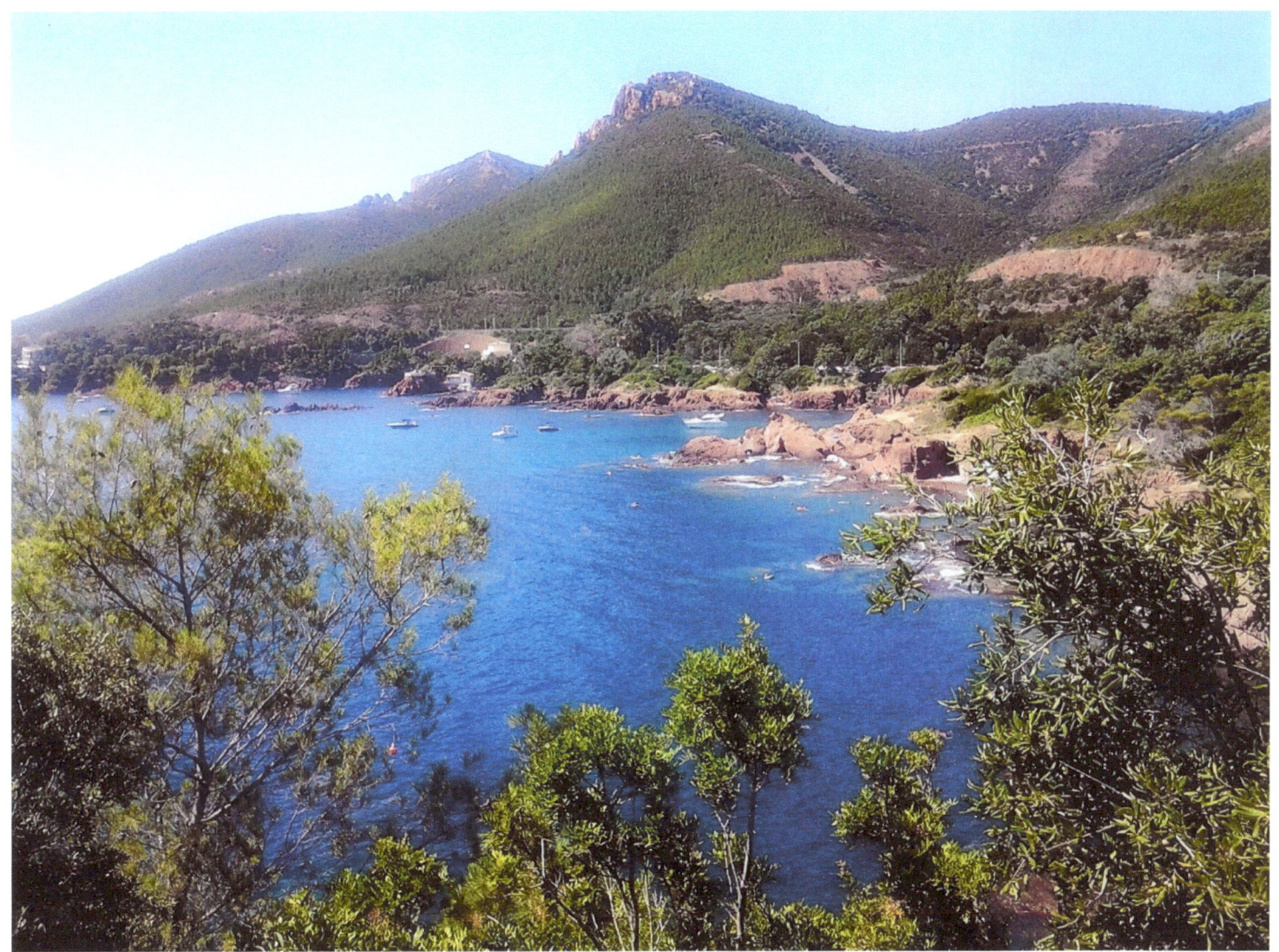

L'infini est bleu, j'aime quand il se reflète dans l'eau.

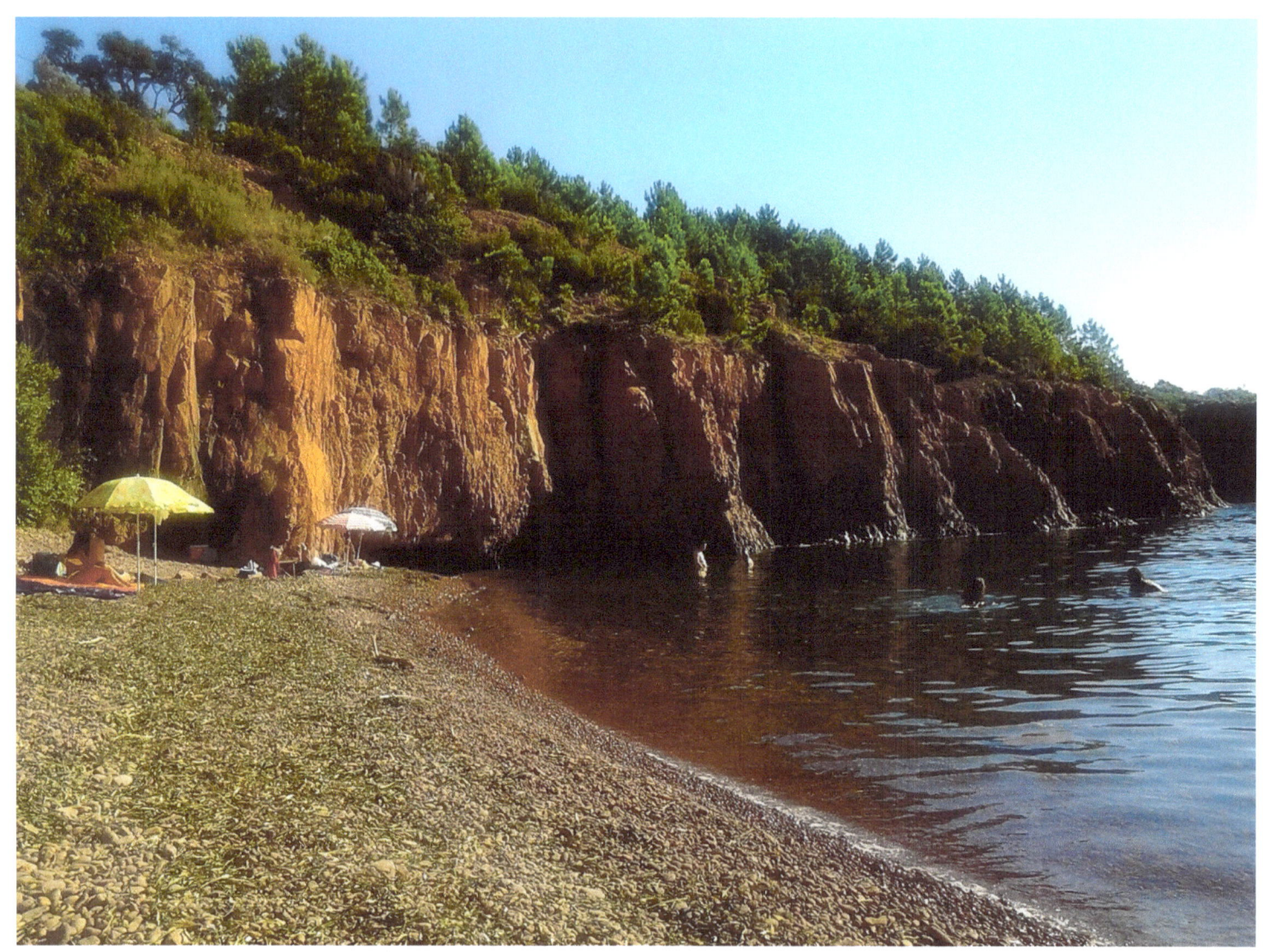

Je veux ma peau dorée comme ce paysage.   Je veux ma peau mouillée sur cette jolie plage.

Villefranche-sur-Mer

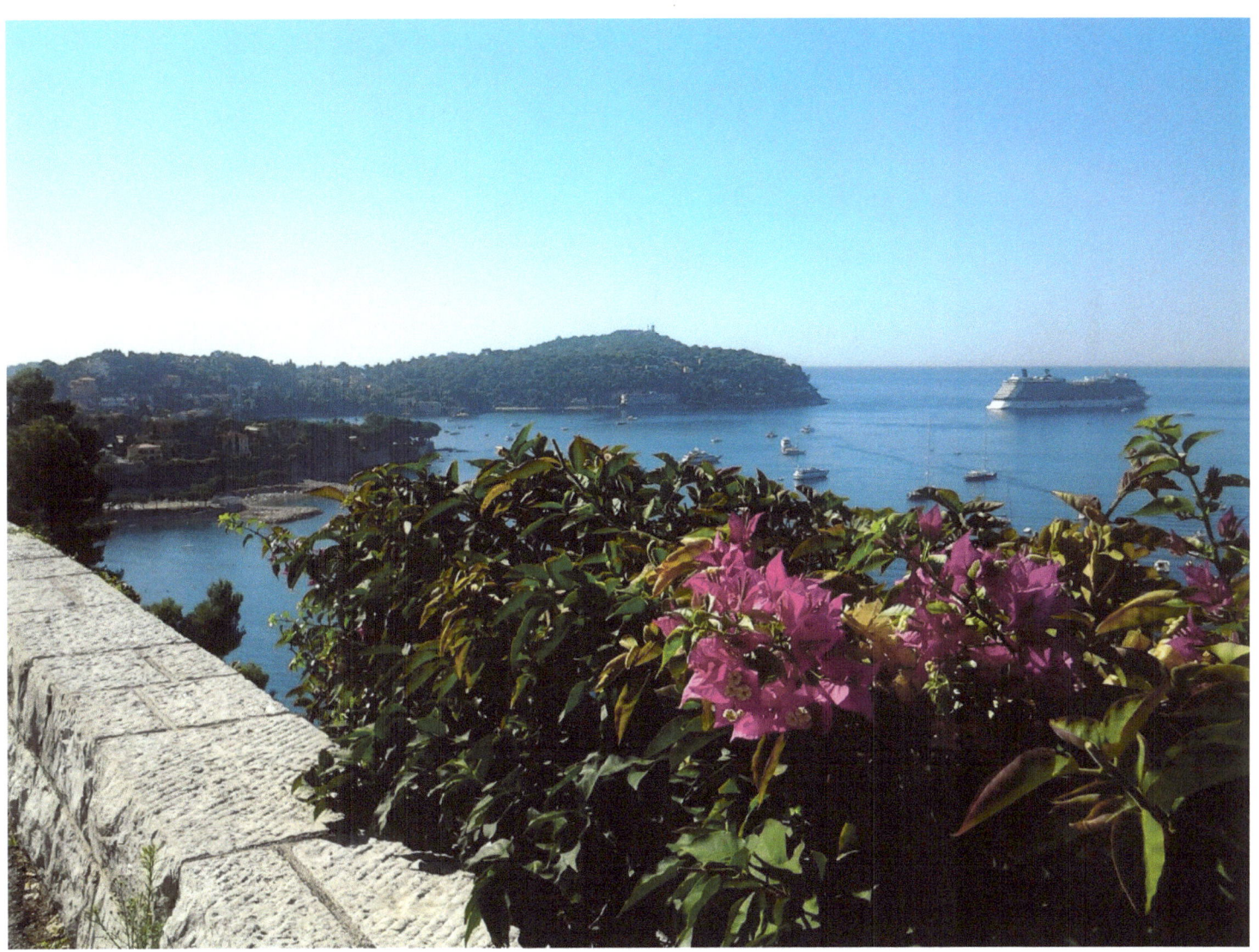

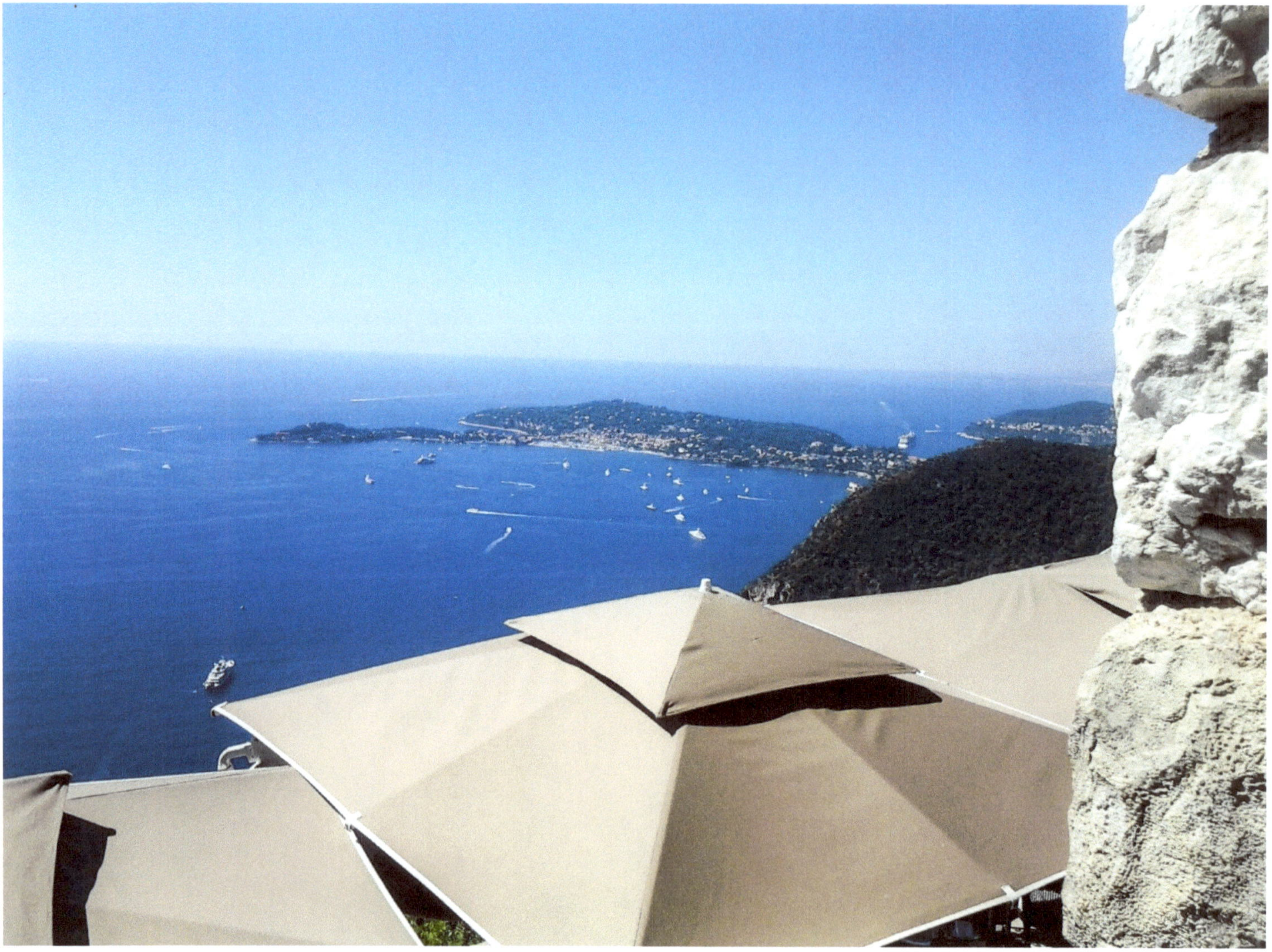

Comme un oiseau, Planer là-haut, libre, dans le silence, loin des morsures bruyantes de la terre.

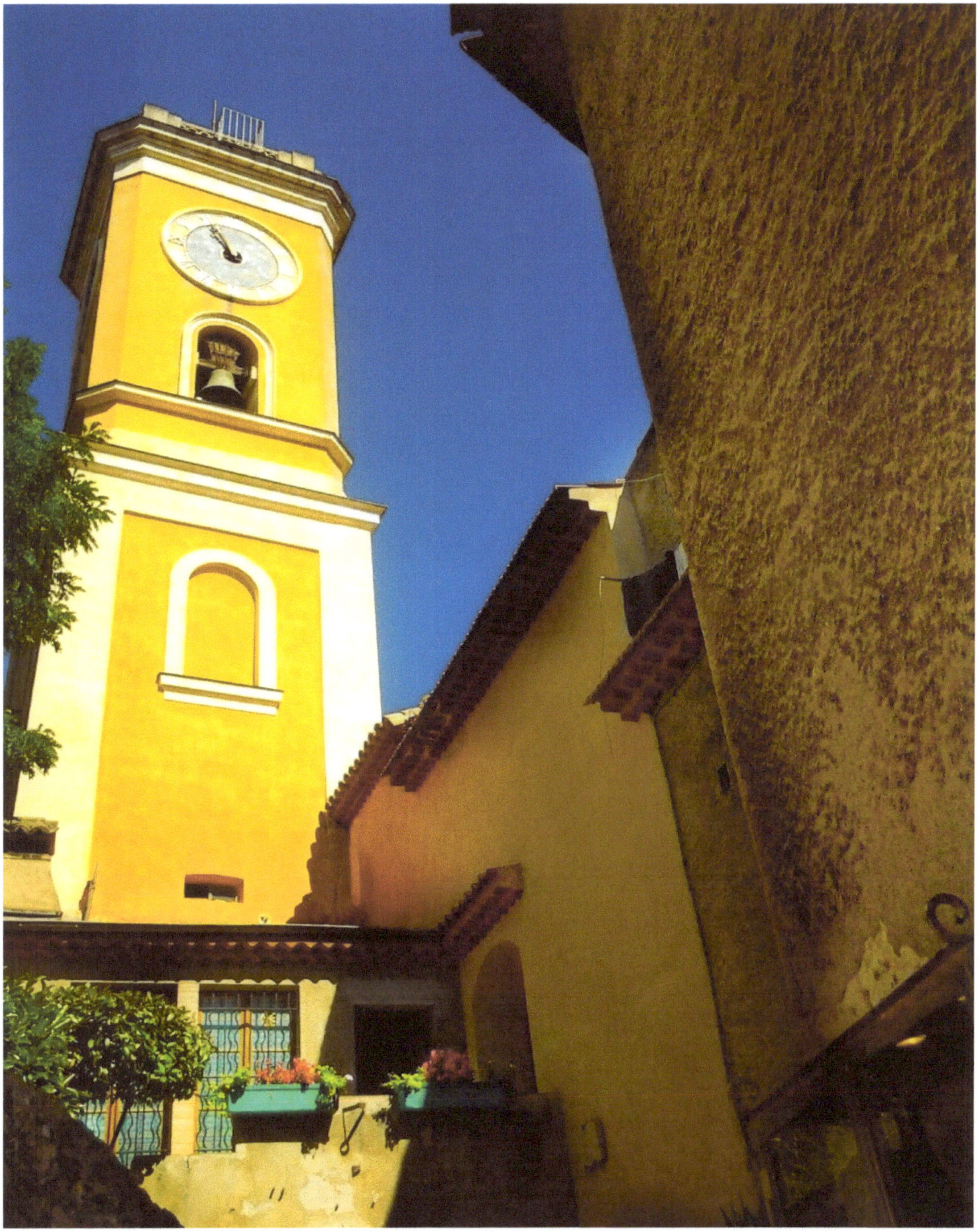

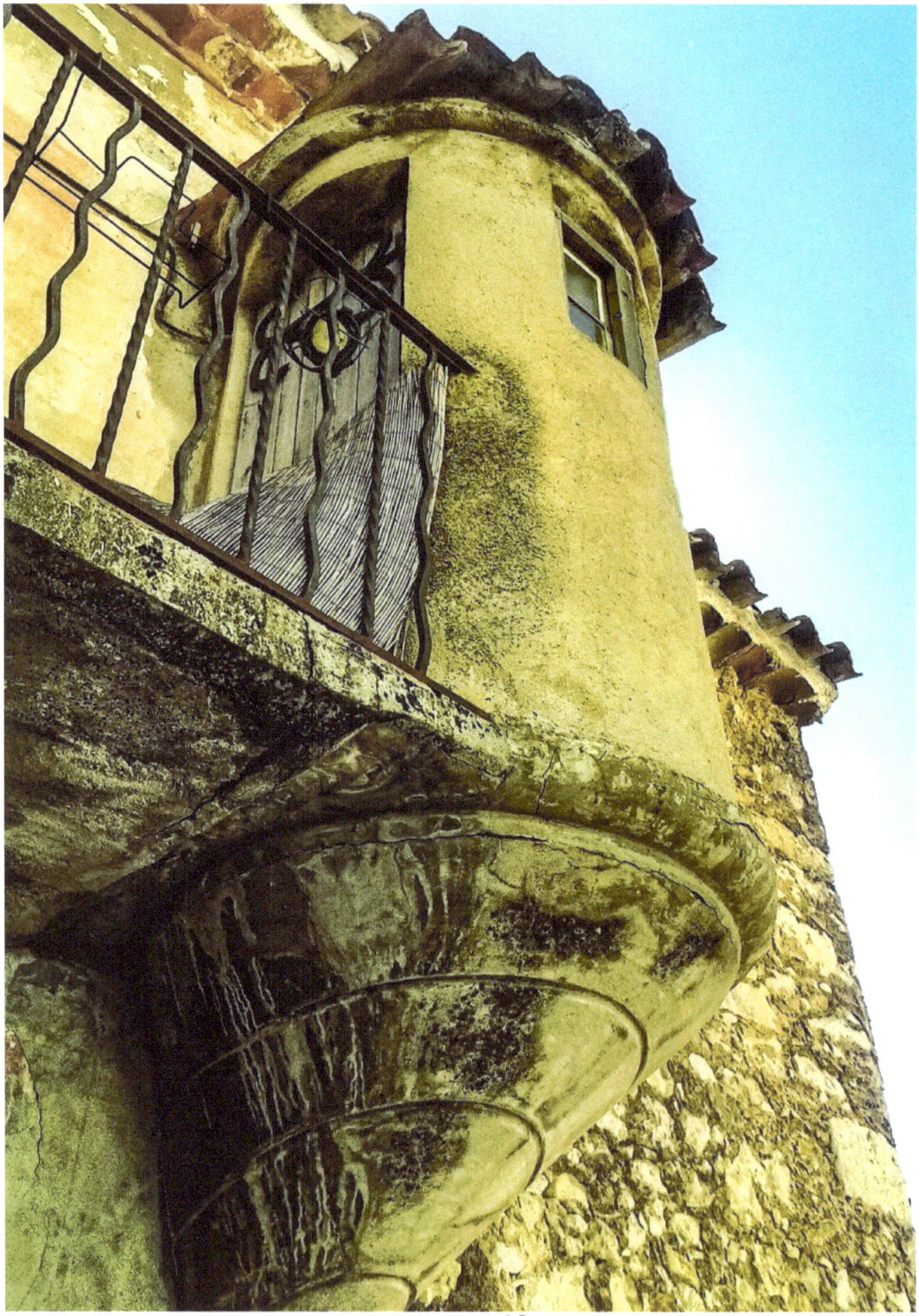

Èze

EZE CAP-D'AIL

MONACO

BEAUSOLEIL

ROQUEBRUNE-CAP-MARTIN

MENTON

EZE CAP-D'AIL

MONACO

BEAULIEU

Sensations, sensations, je suis, nous sommes dans un monde de sensations. Mon nez sens l'odeur de la mousse et ma peau ressens l'air frais. Sensations, sensations : illusions tenaces qui nous relient à la terre.

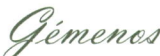

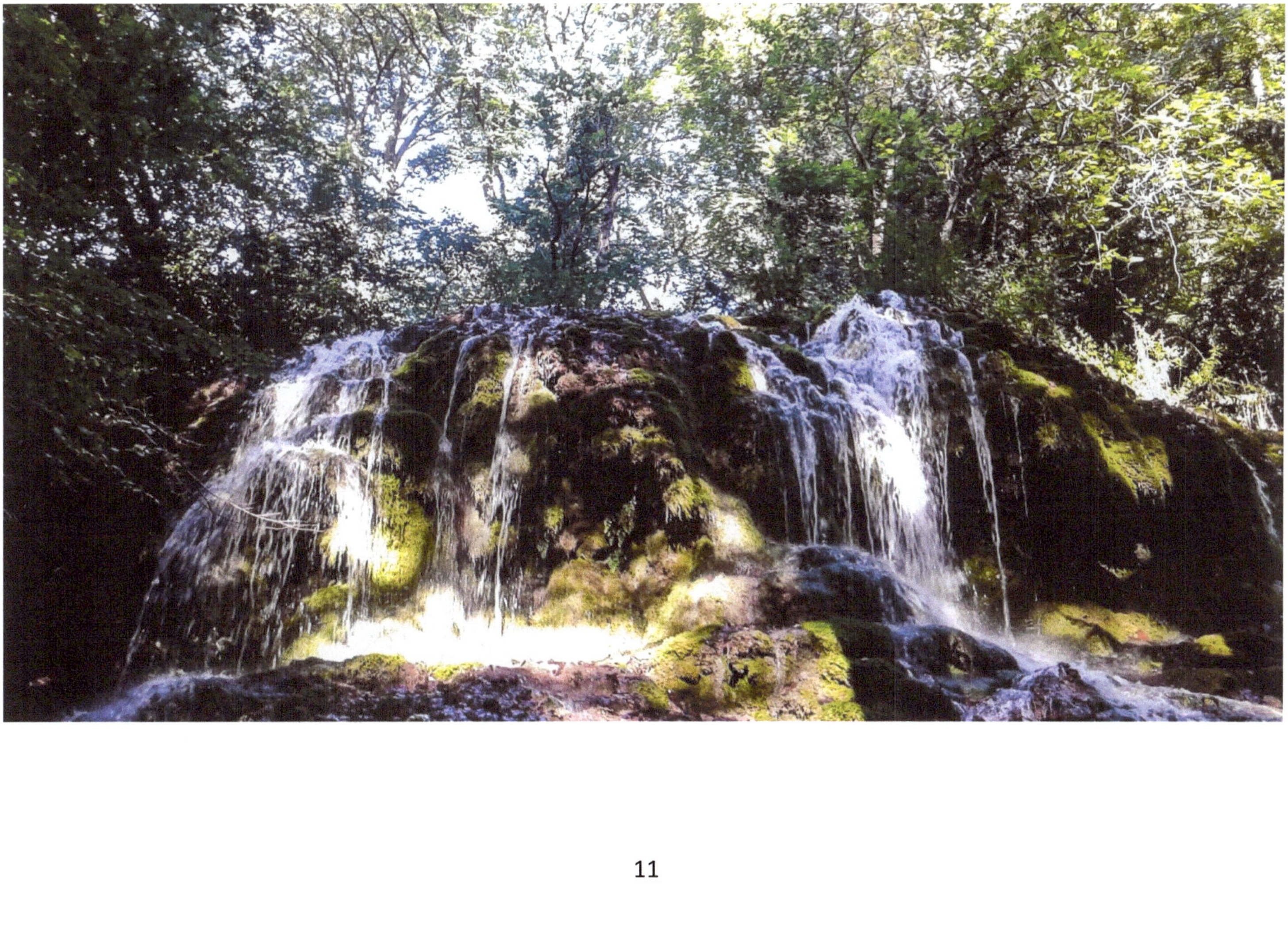

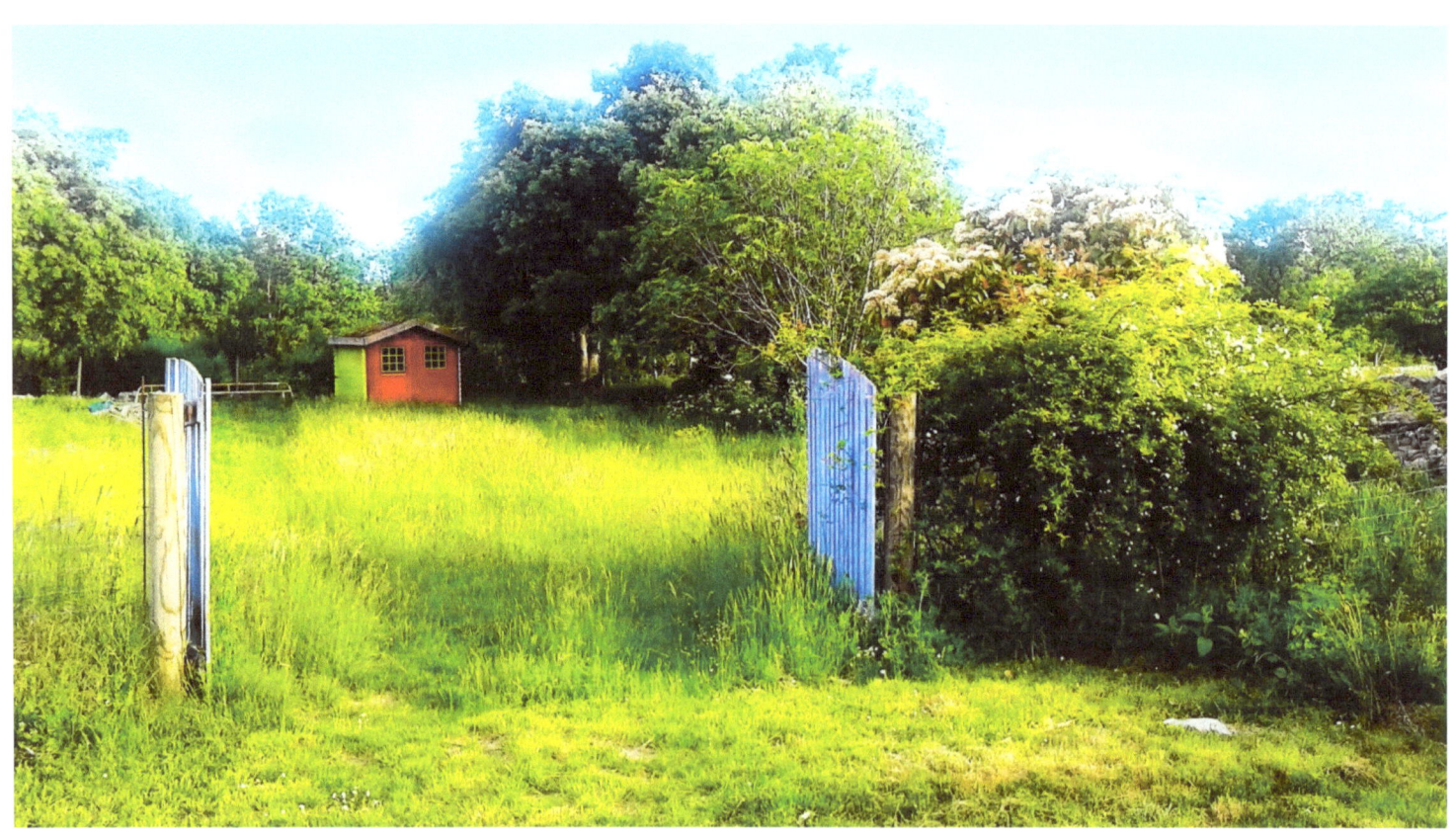

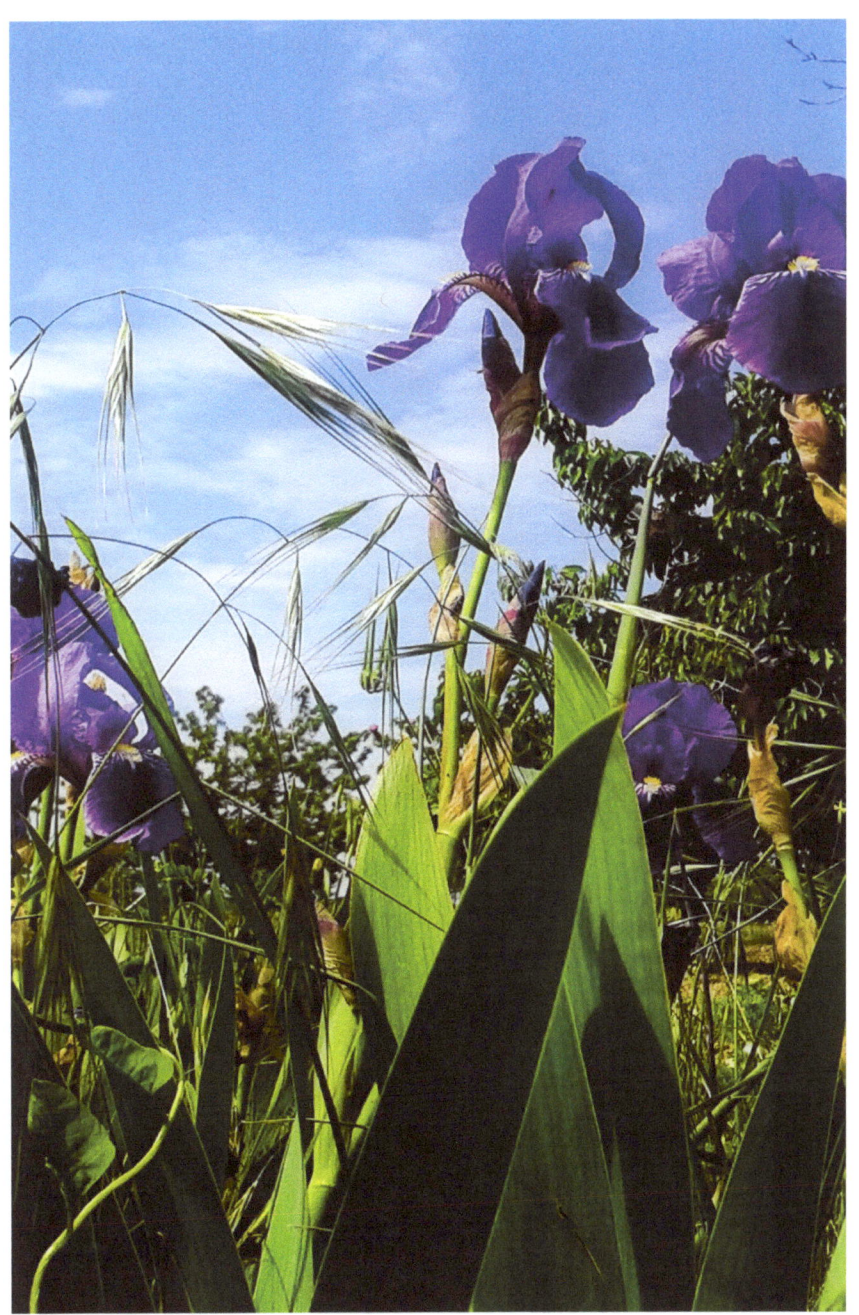

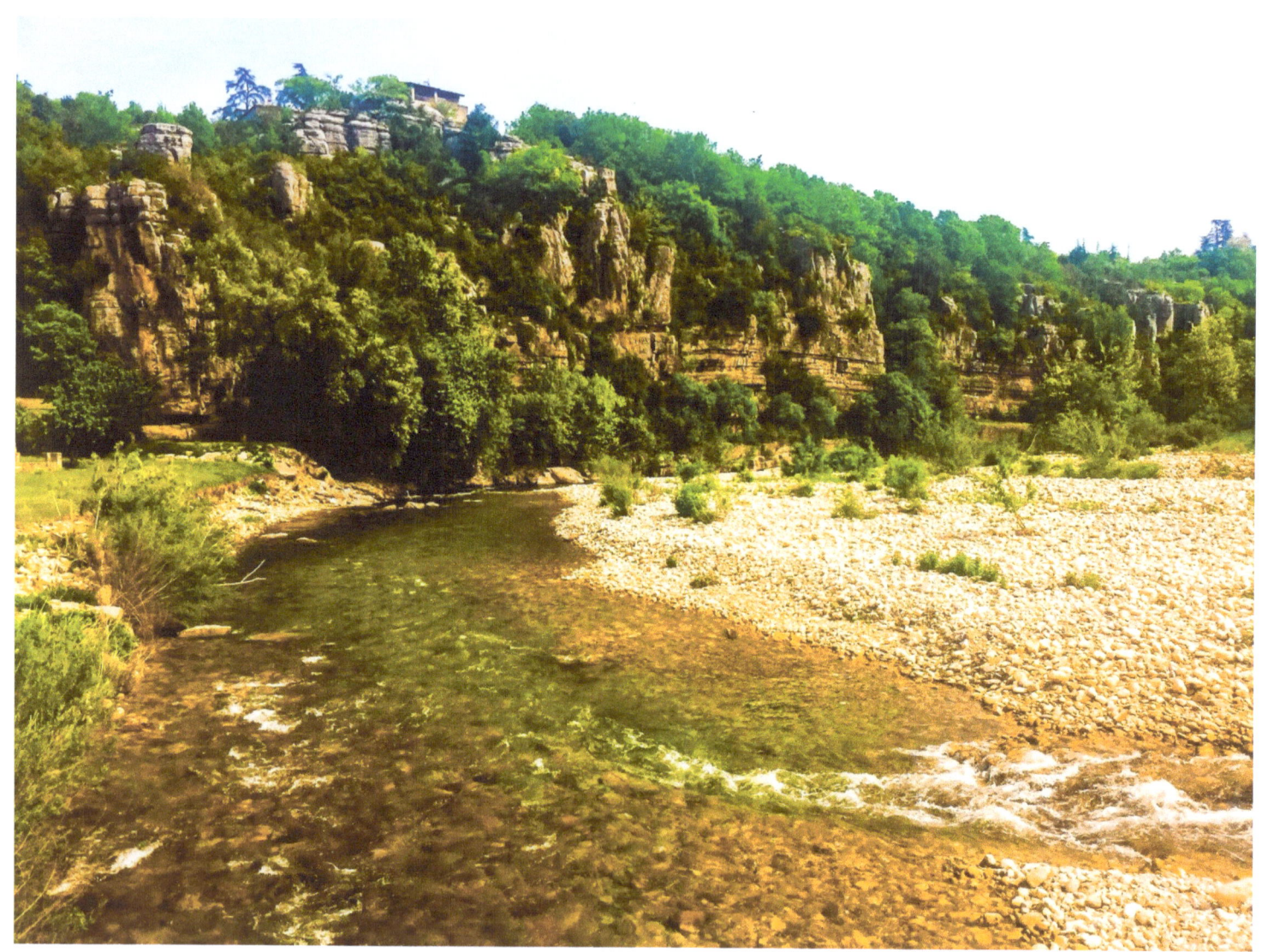

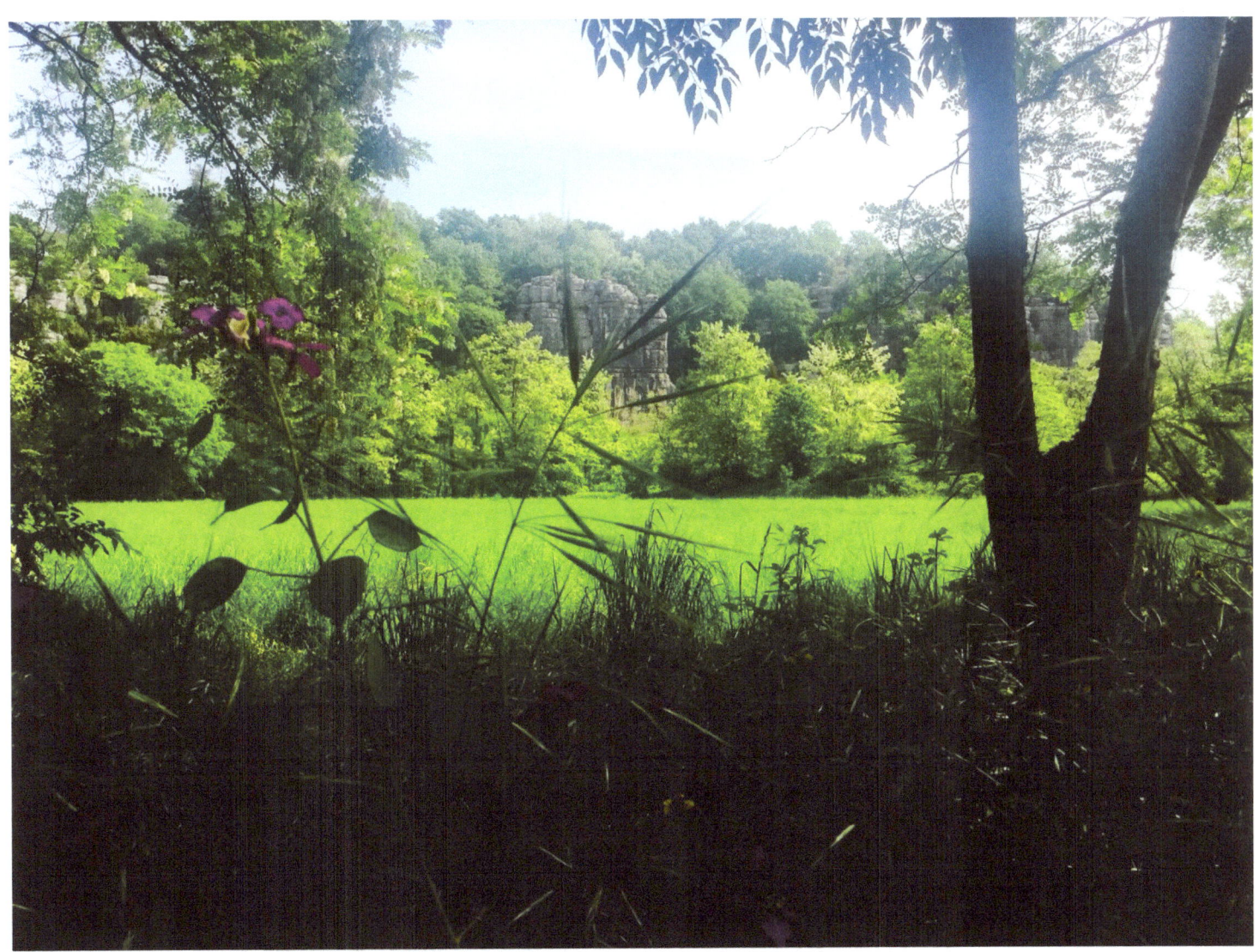

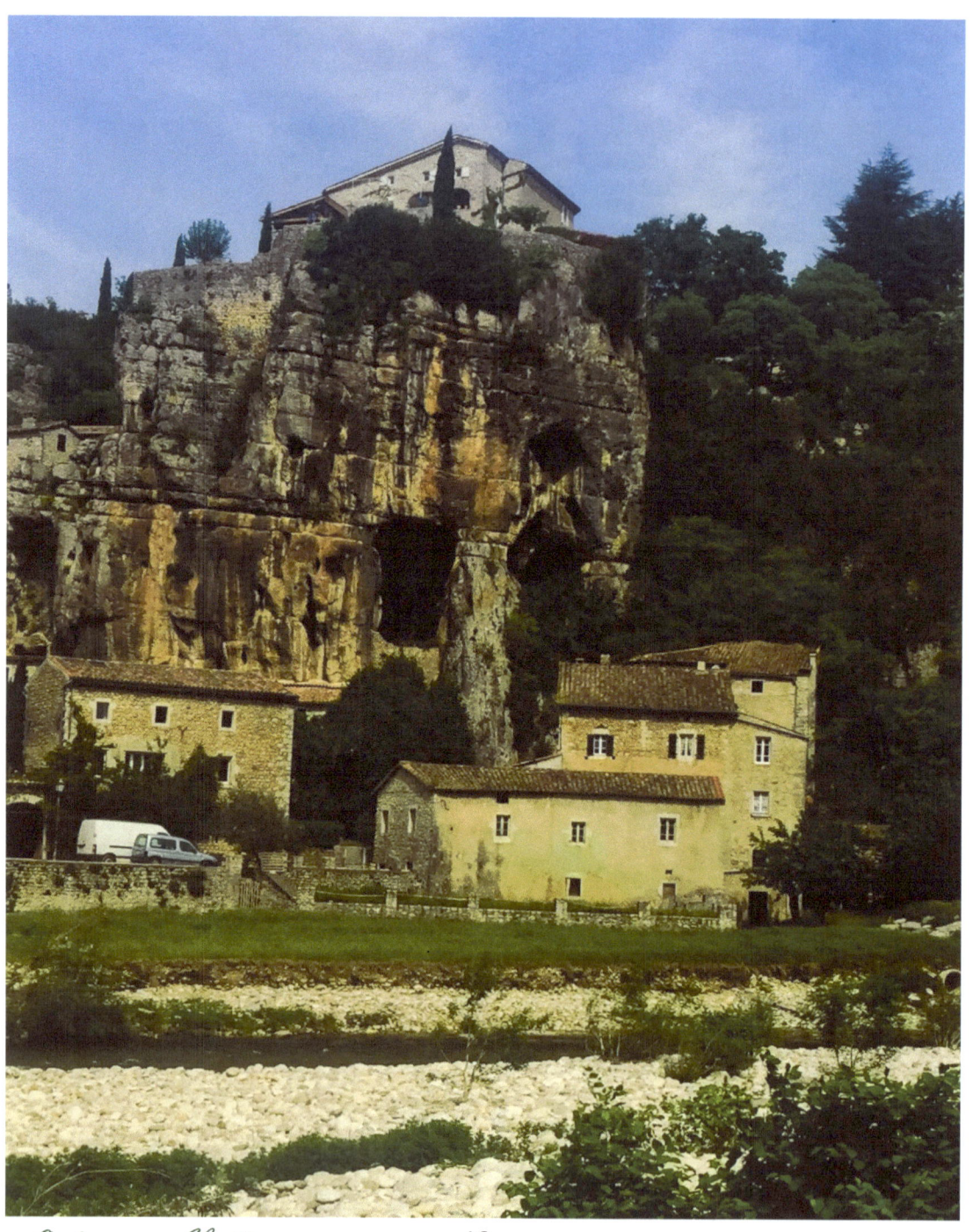

Labeaume Village

16

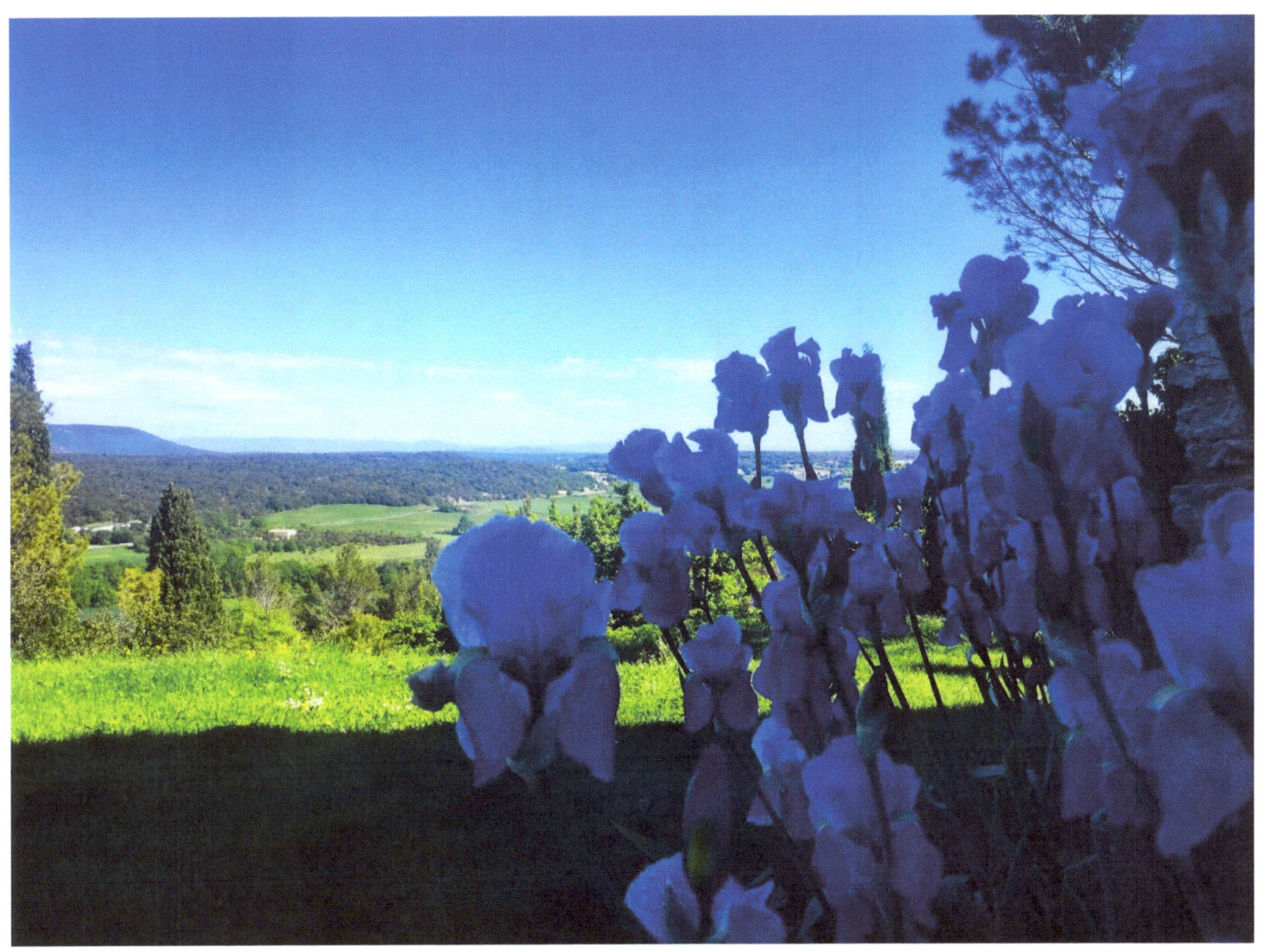

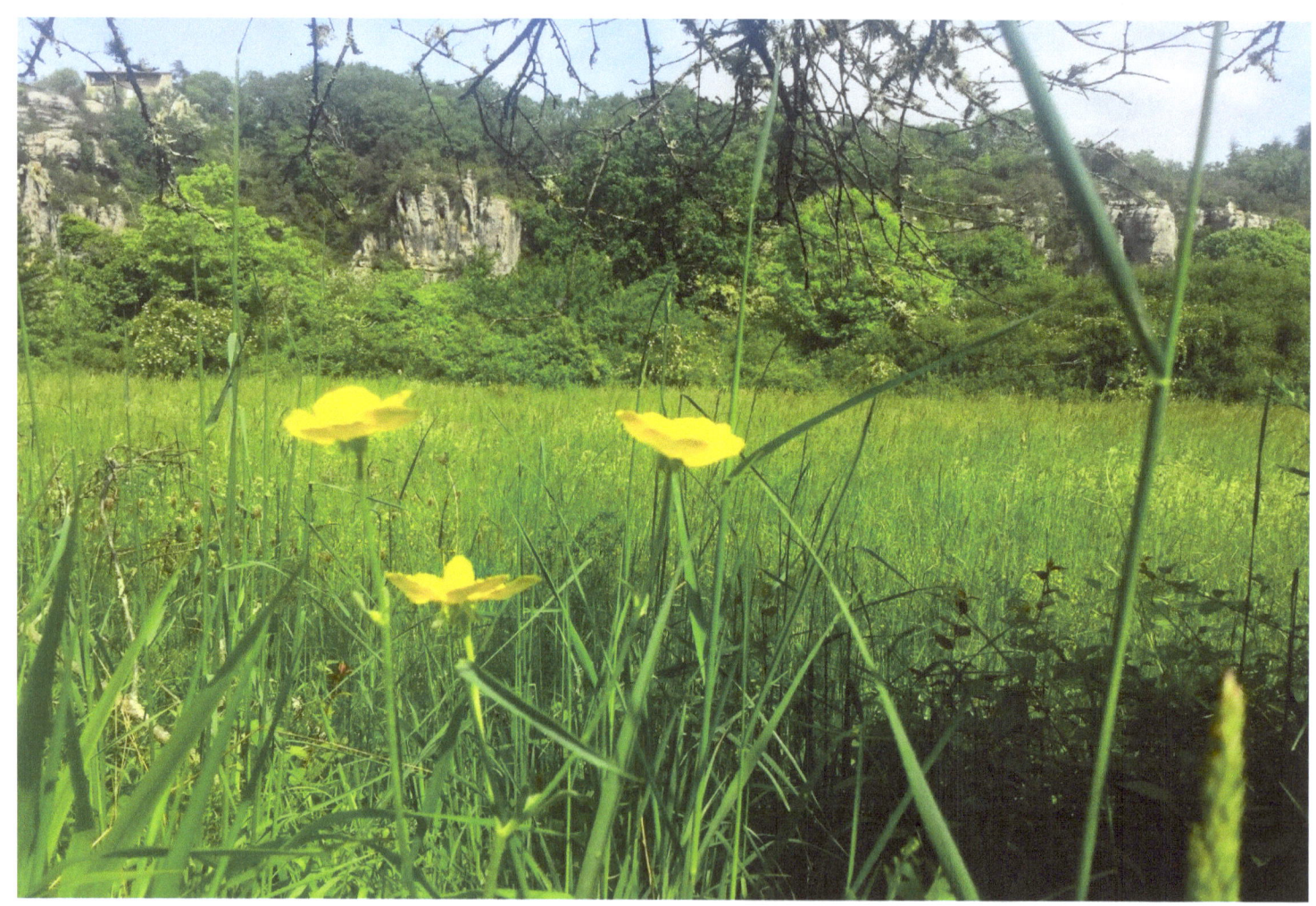

S'étendre là sur ce tapis jaune et vert. Oublier le tumulte de nos enfers. Et n'écouter bruisser que le feuillage.

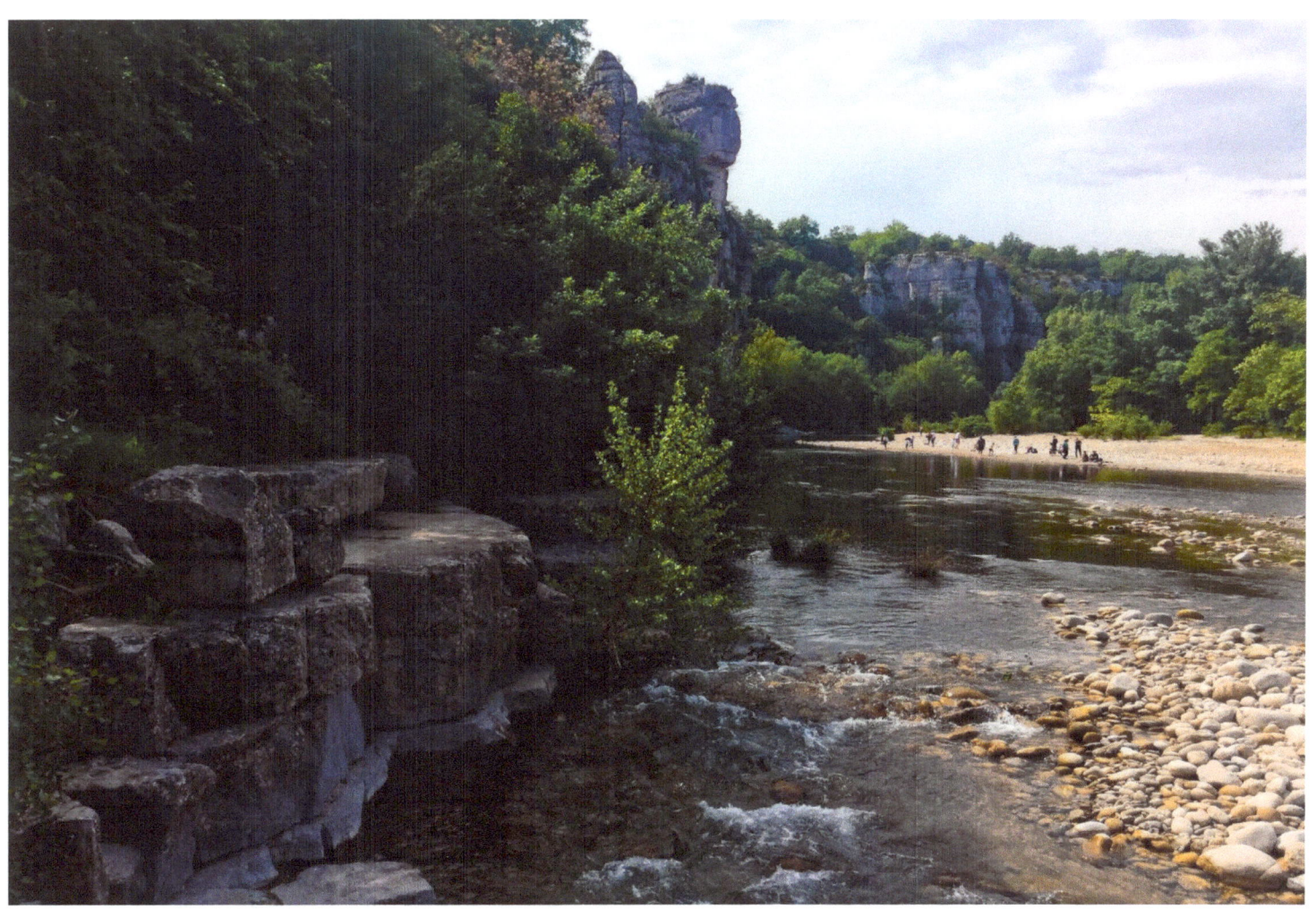

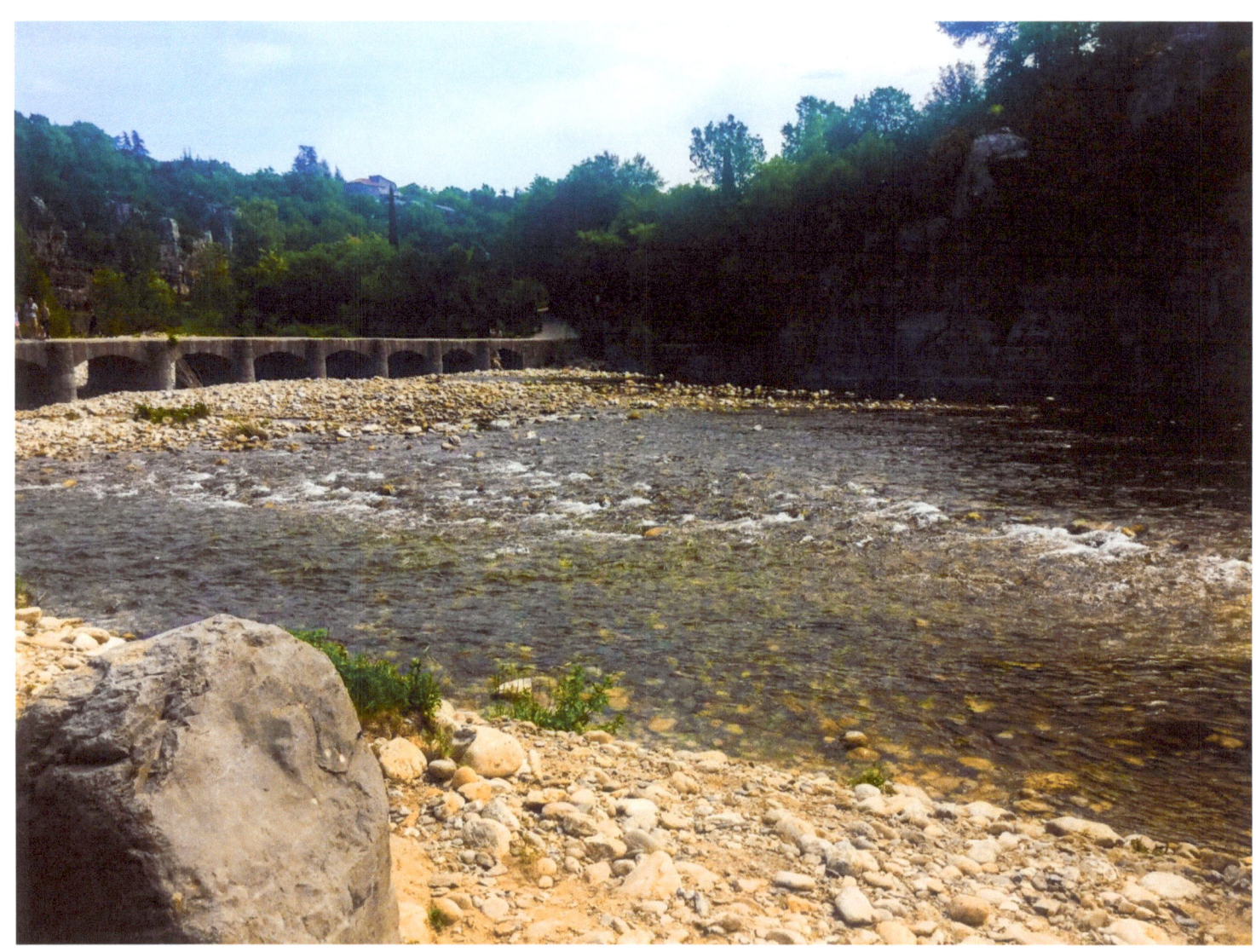

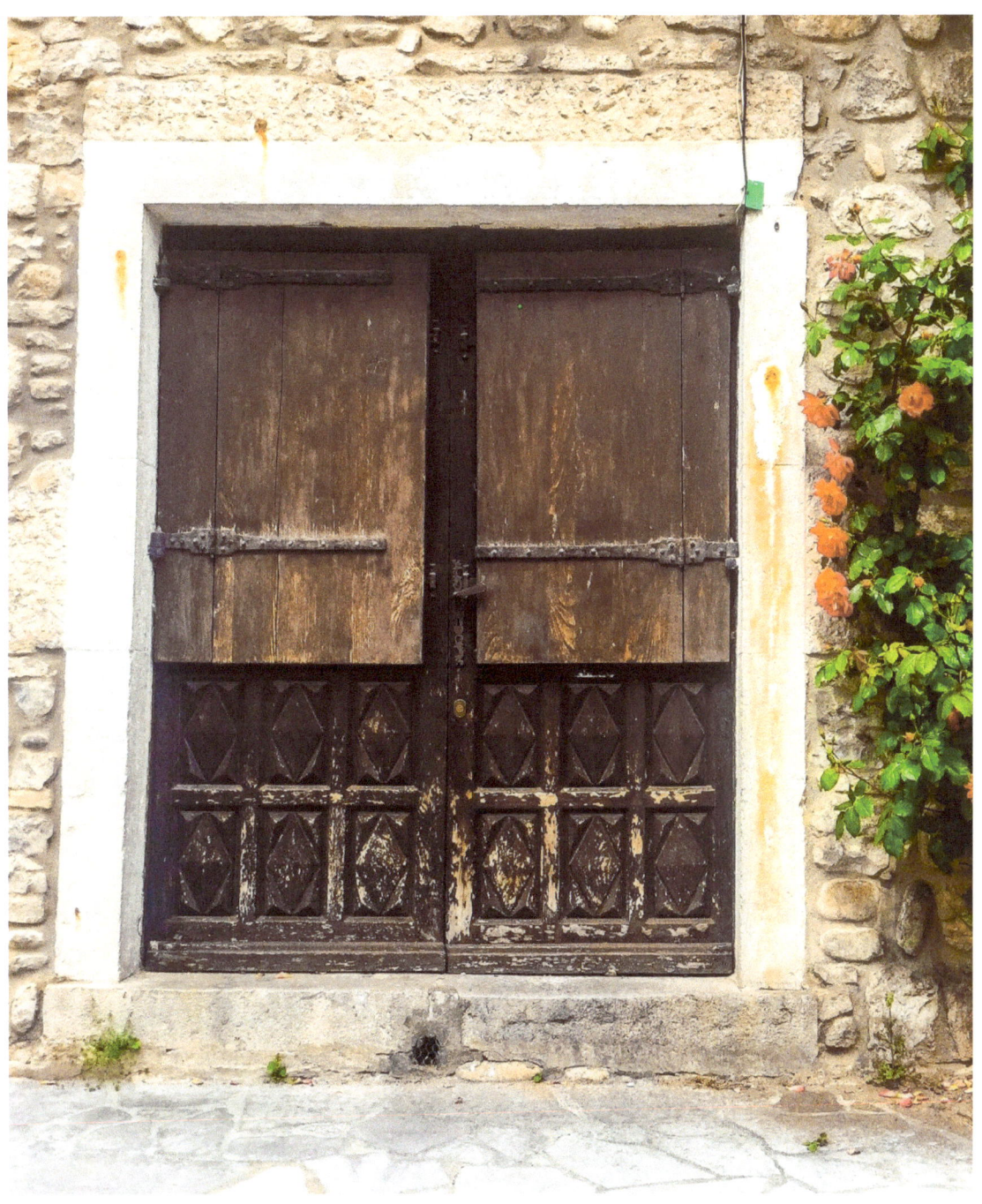

Village de Labeaume

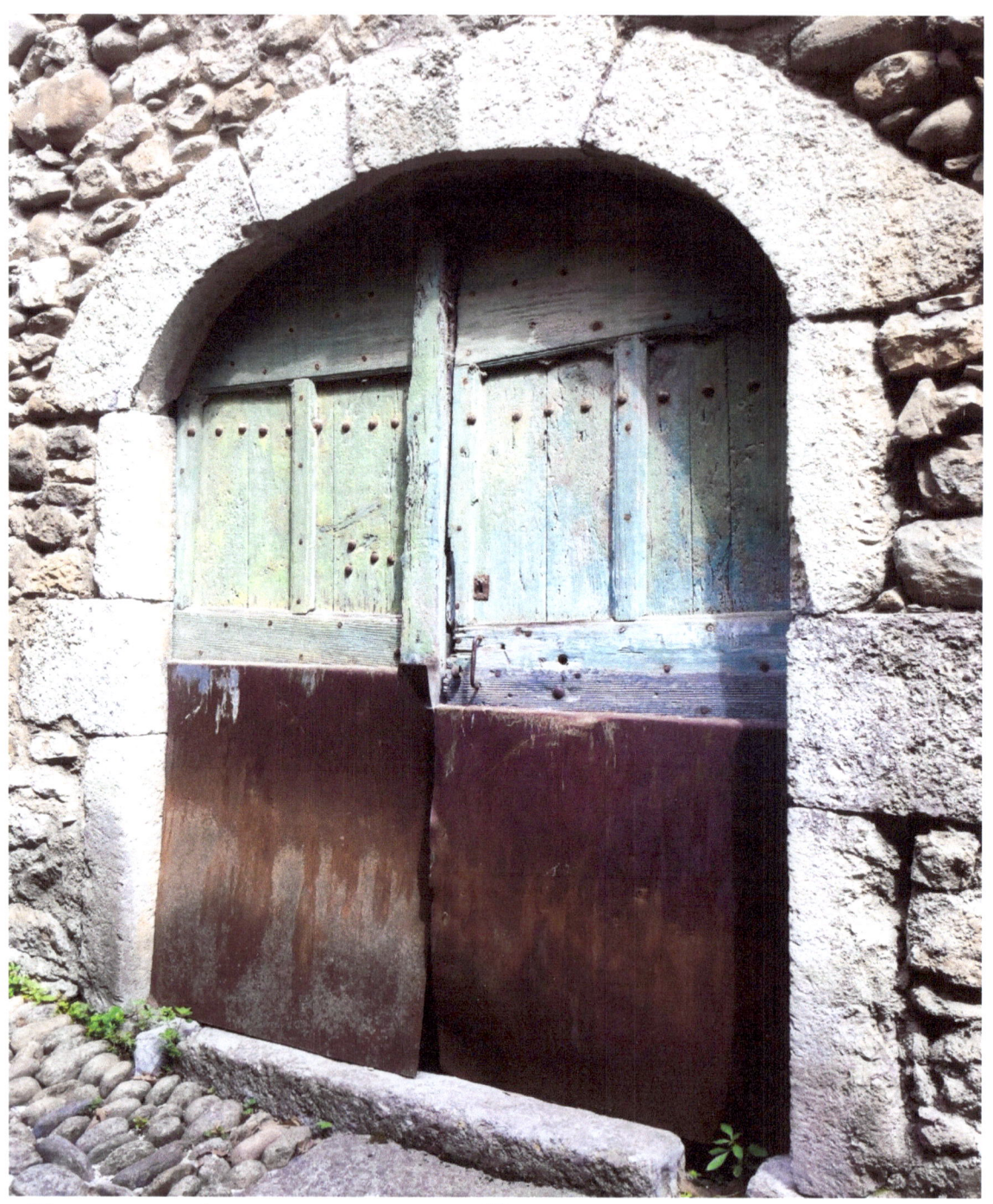

Village de Labeaume

WALKFREEDOMBYKEGREENFL
OWERSSUNNATURETOEXPLOR
EFRIENSHIPCONSCIOUSNESSEA
RTHPLANETSGALAXYUNIVERSE
LOVETEMPERANCETOLERANCE
HUMANITYWATERKINDNESS

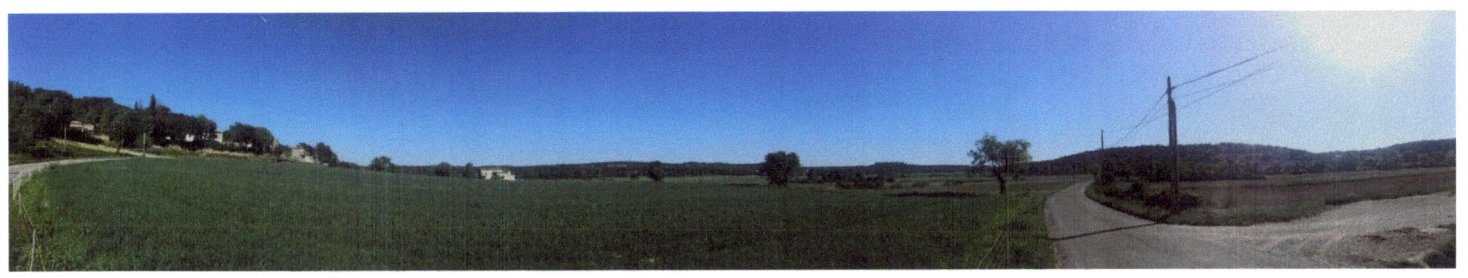

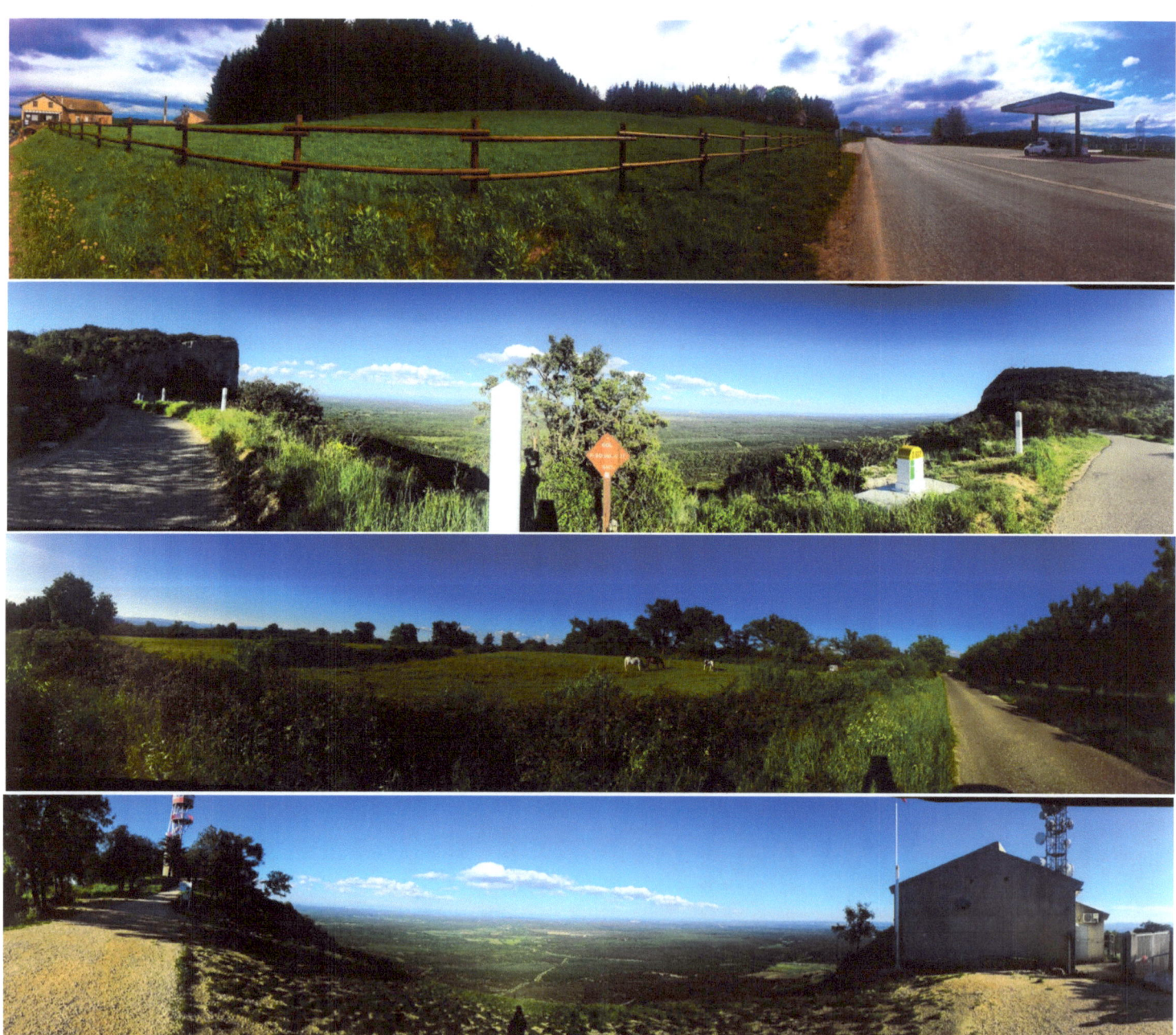

24

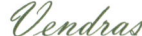

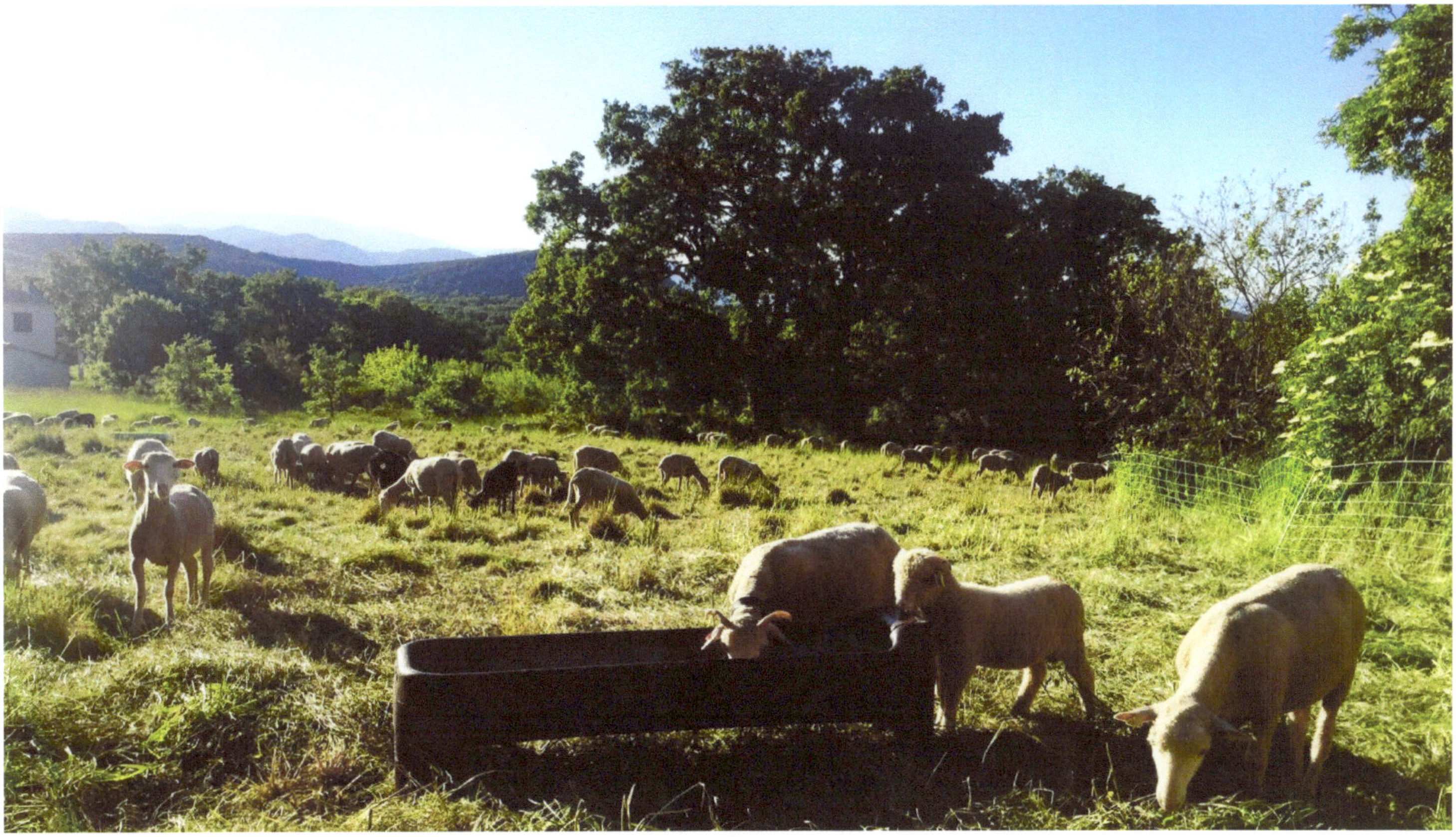

Tous à nos tribulations, aux uns celles du lion, aux autres celles du mouton…

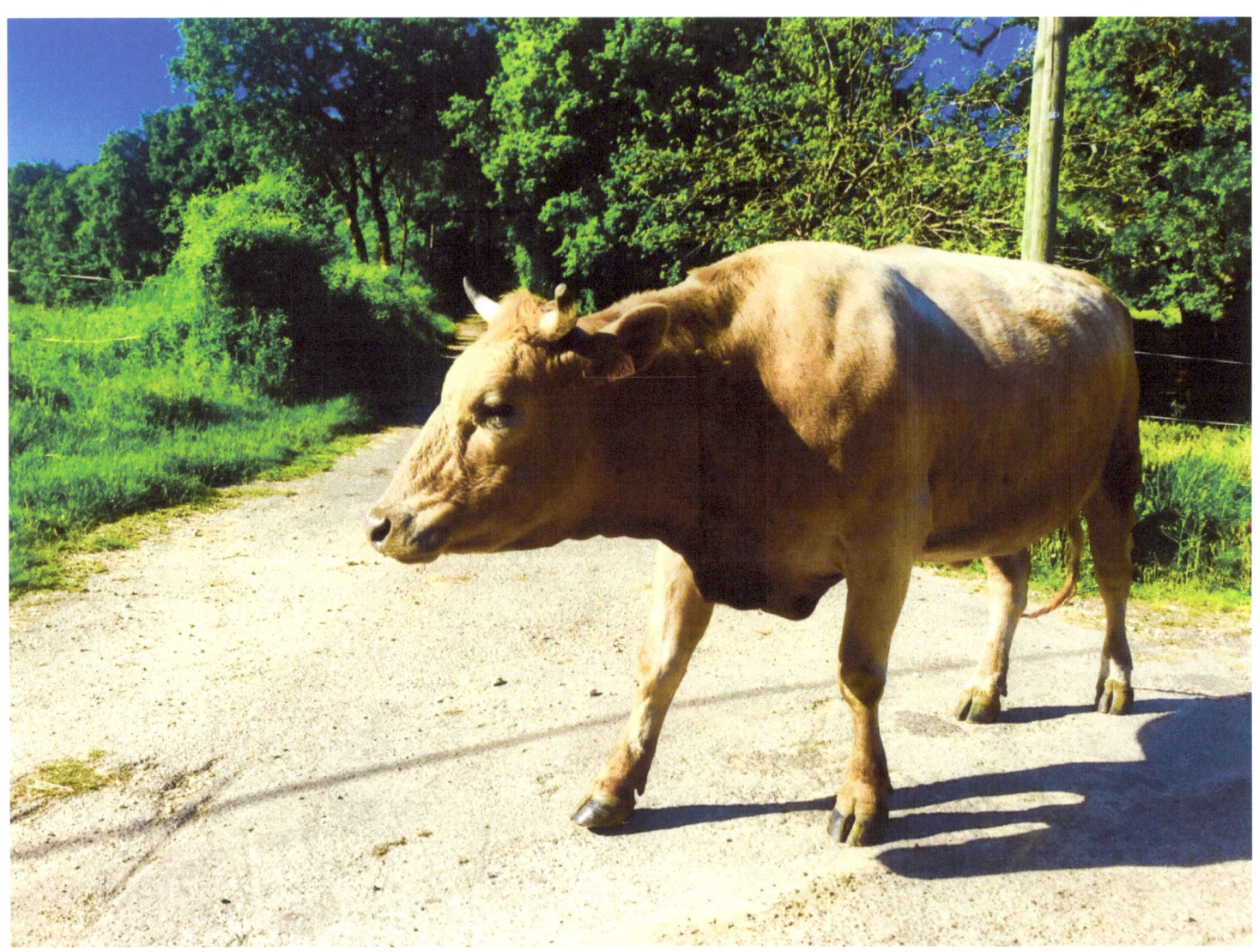

Et dire que parfois je te mange...

Les Concluses, Gard

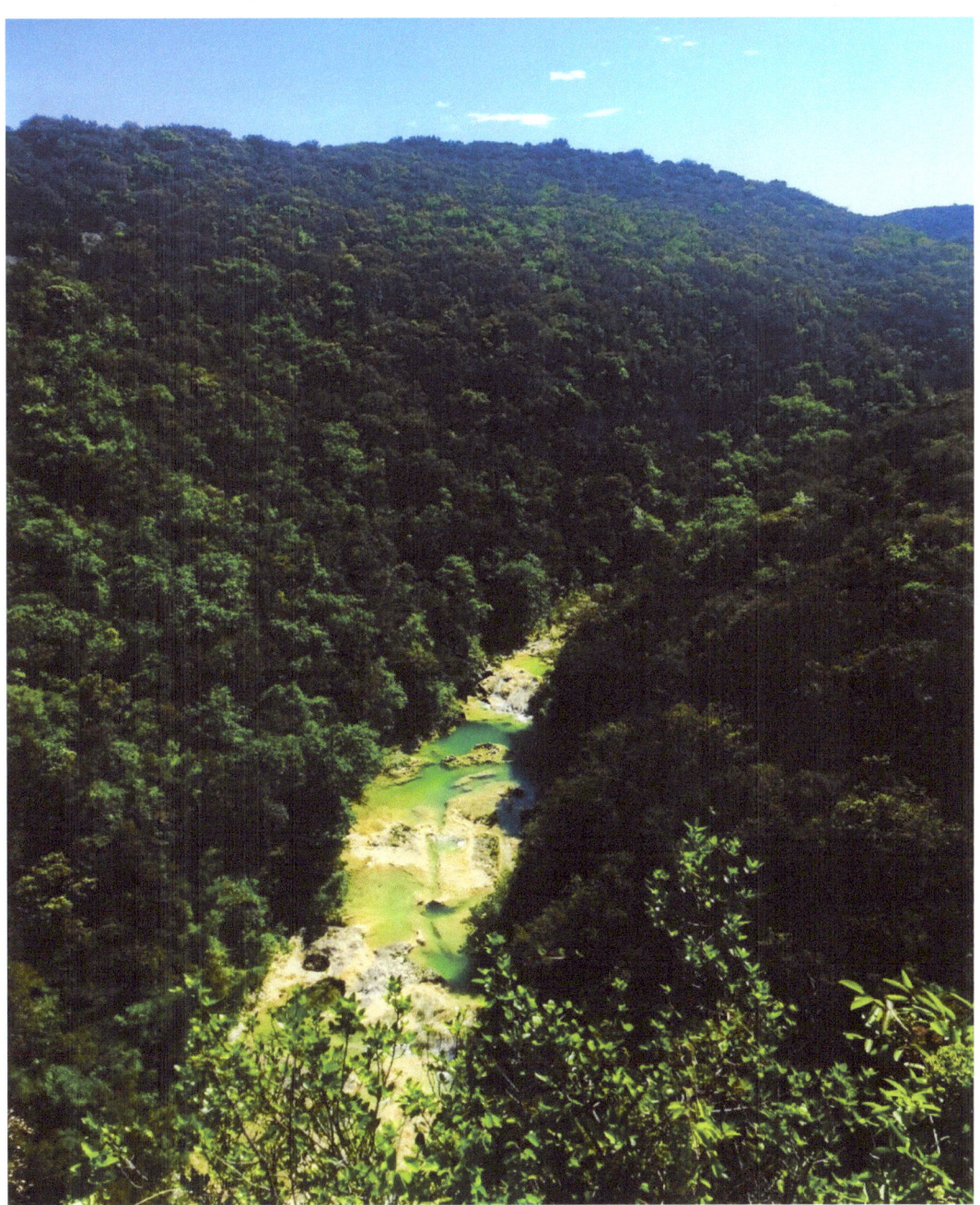

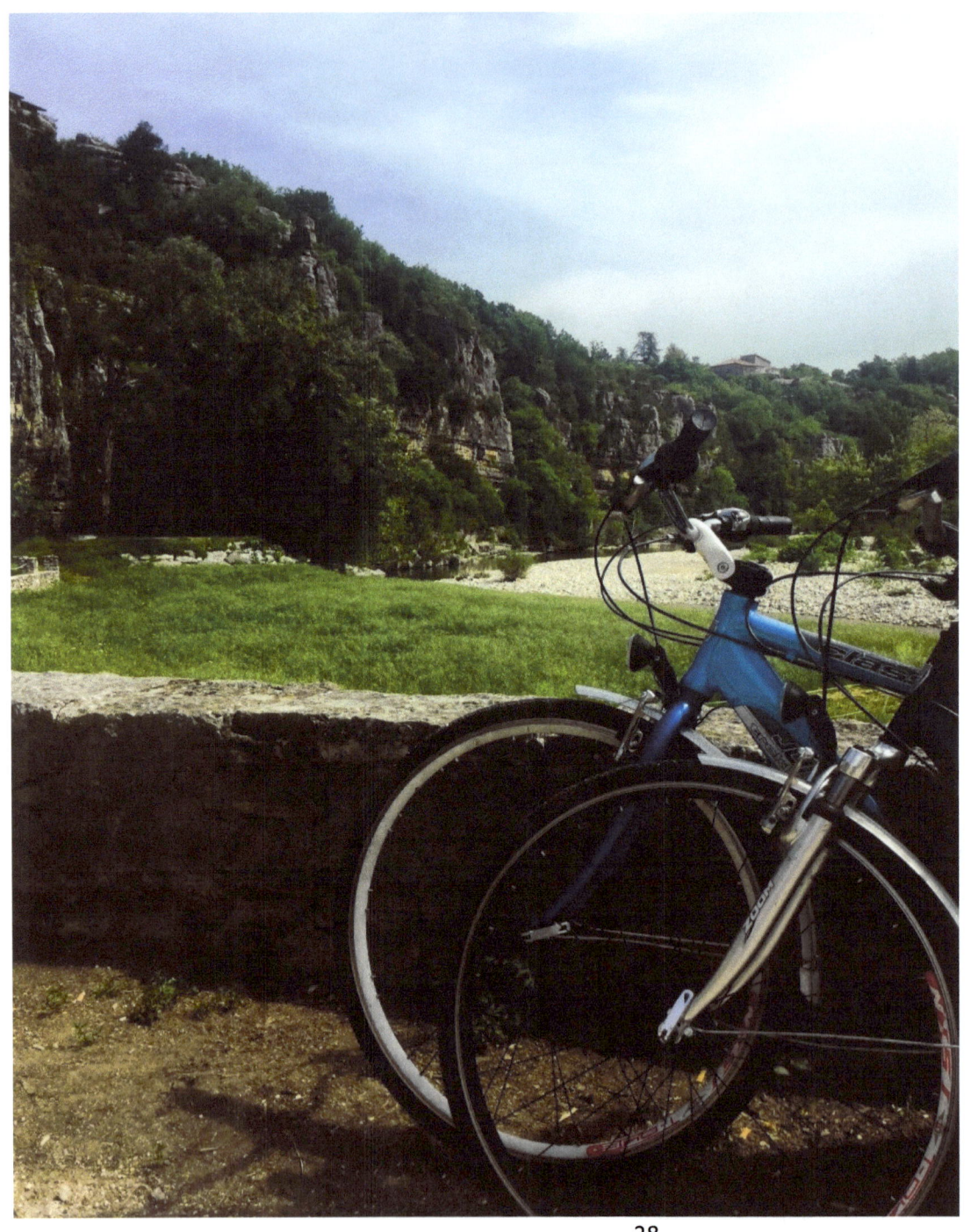

BYKEFR
EEDOM
WALKG
REEN
FLOWE
RSSUN
NATUR
ETOEXP
LORE

FRIEND
SHIP

28

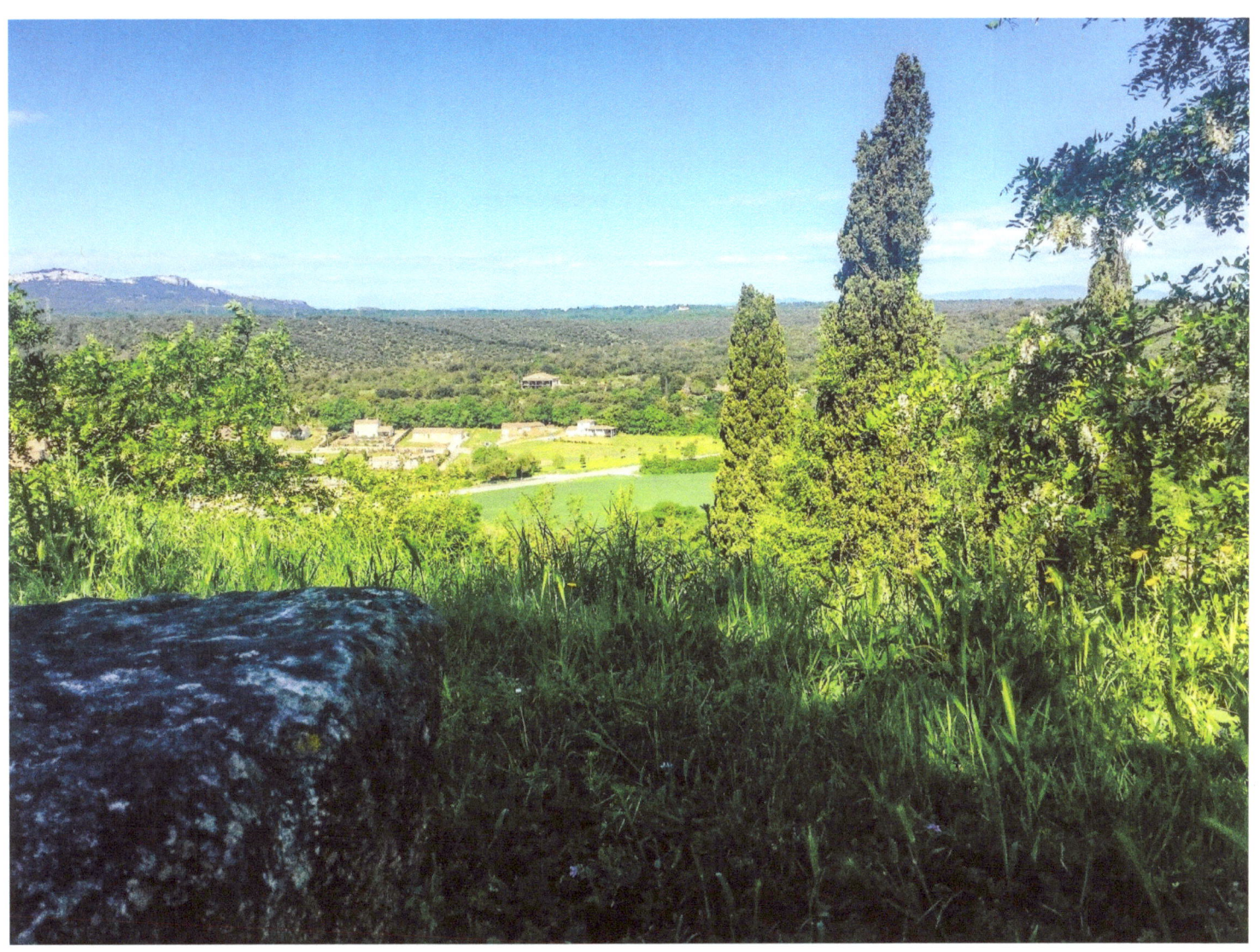

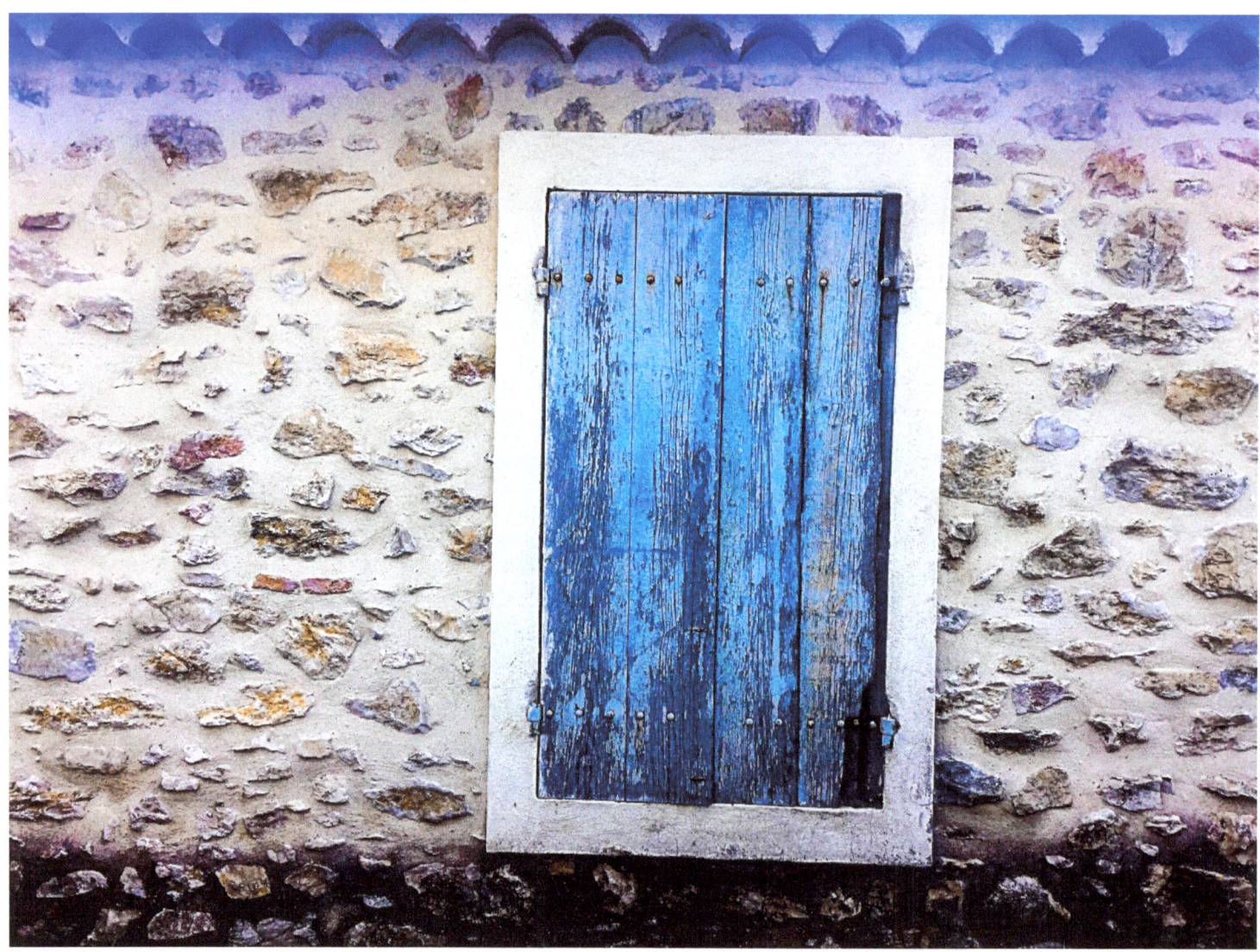

Castellas, Bouquet

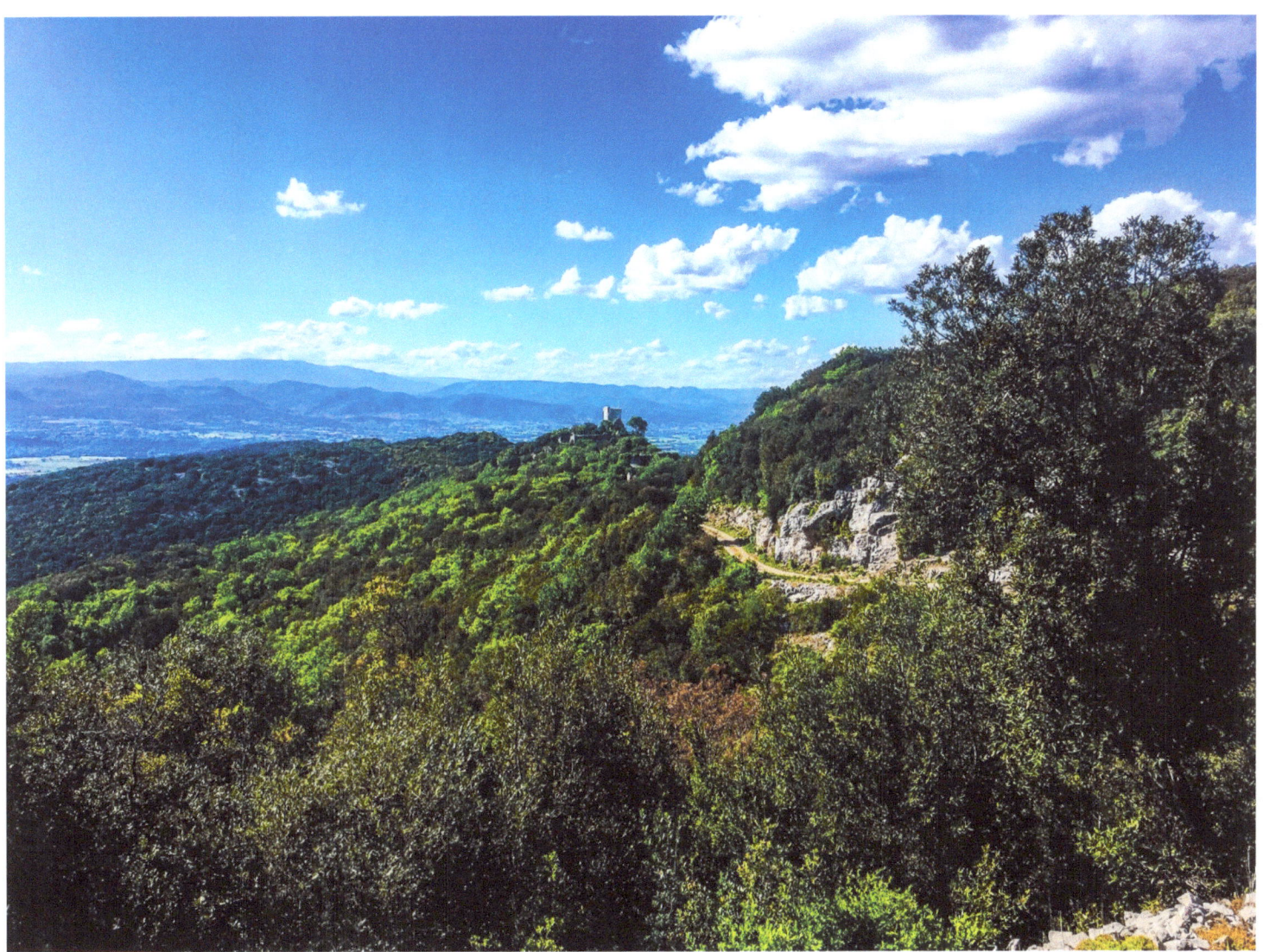

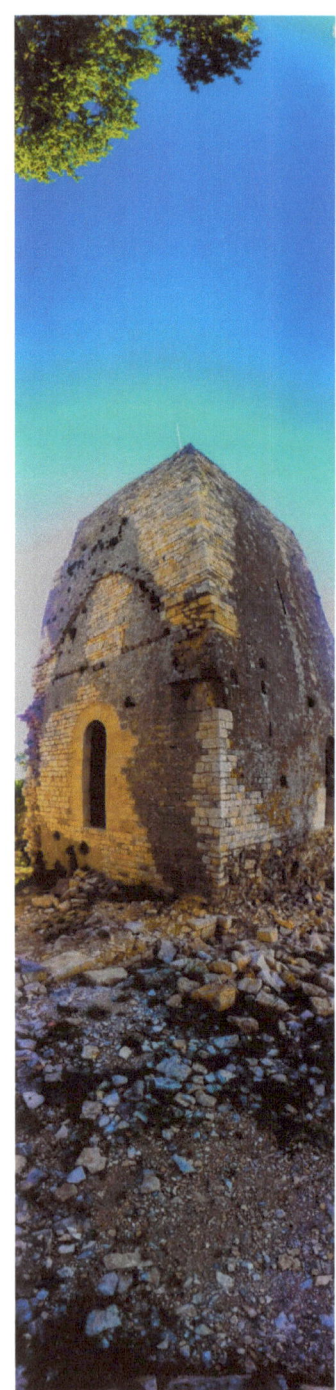

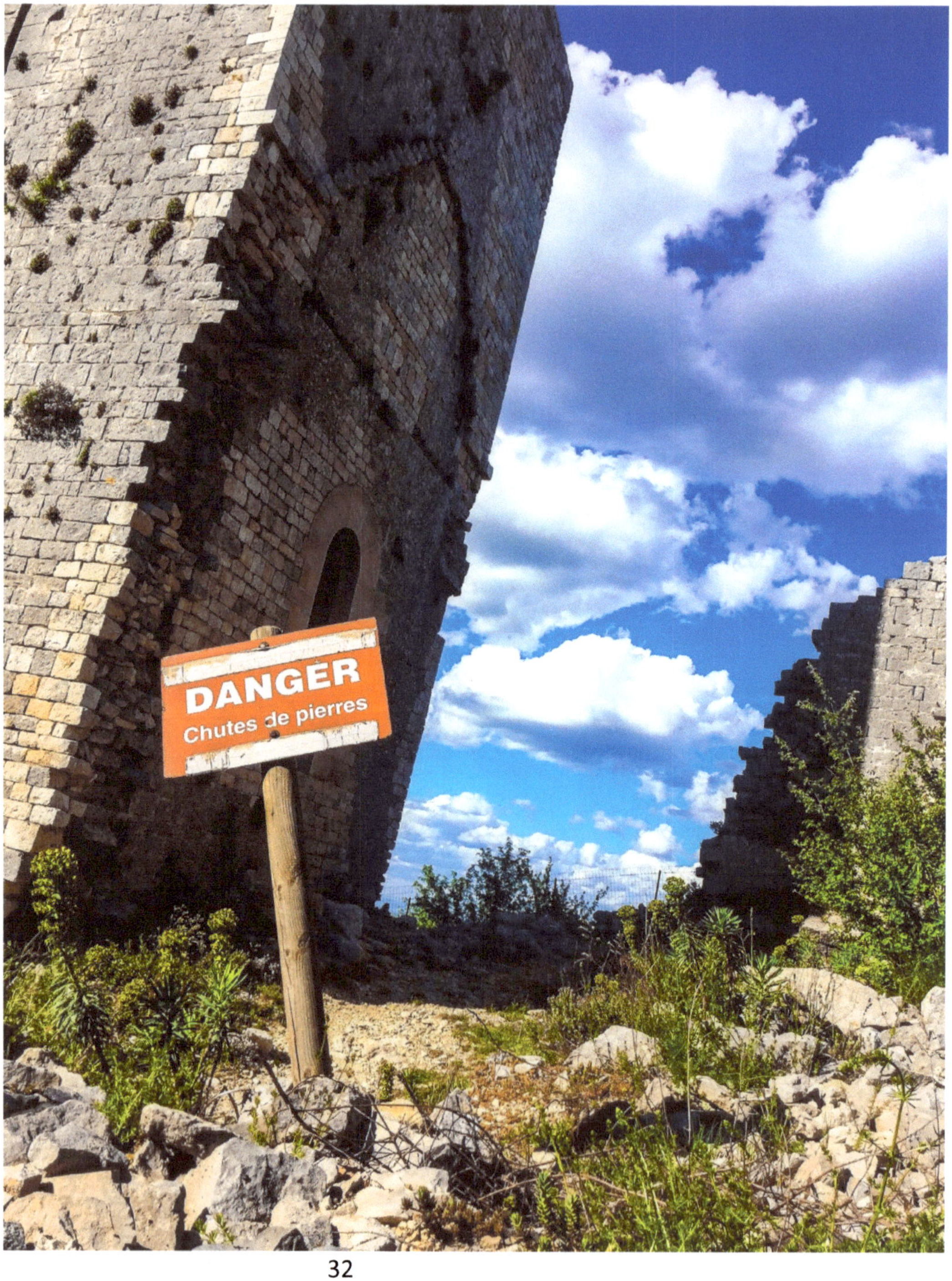

Le Verdon

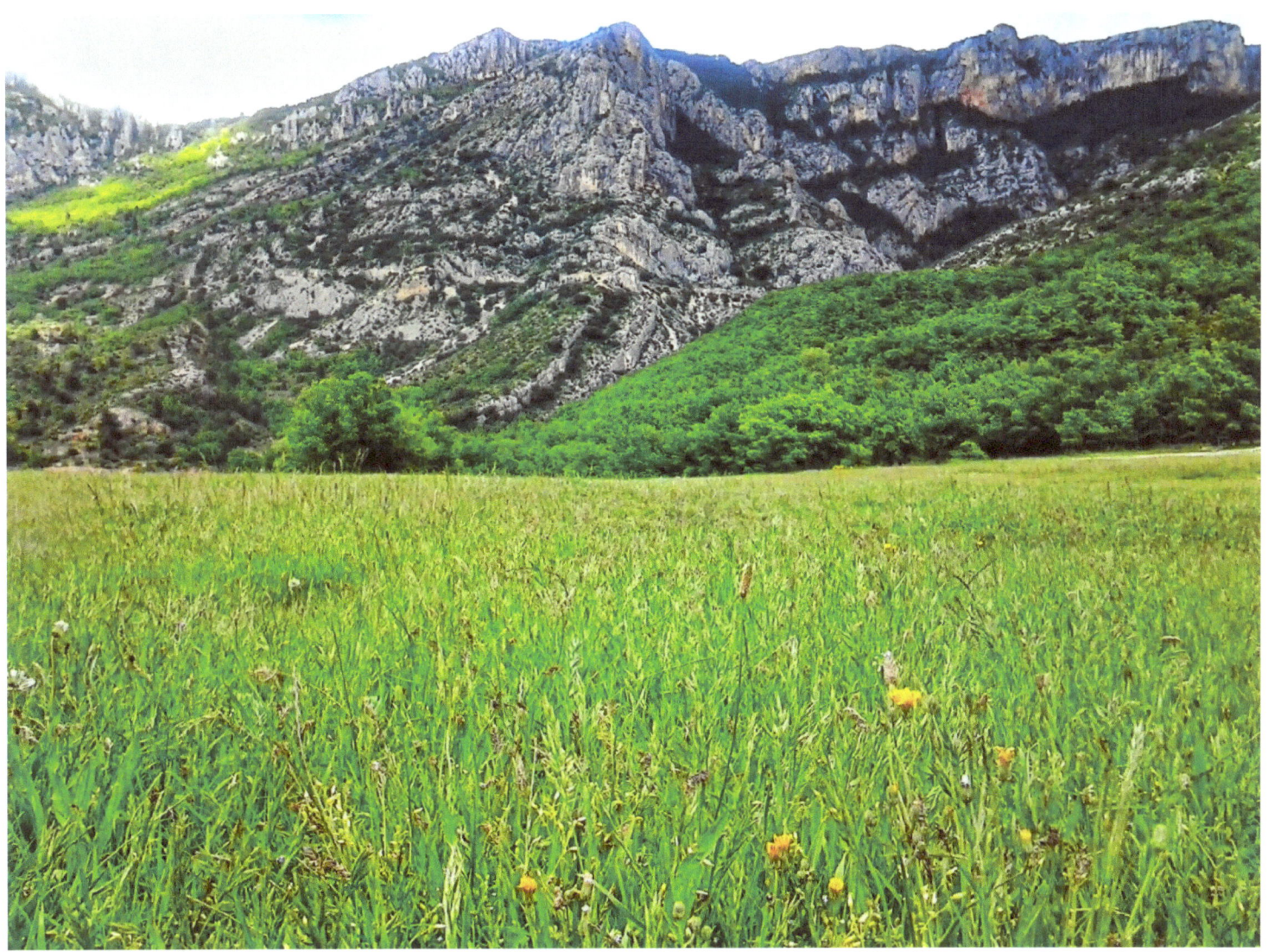

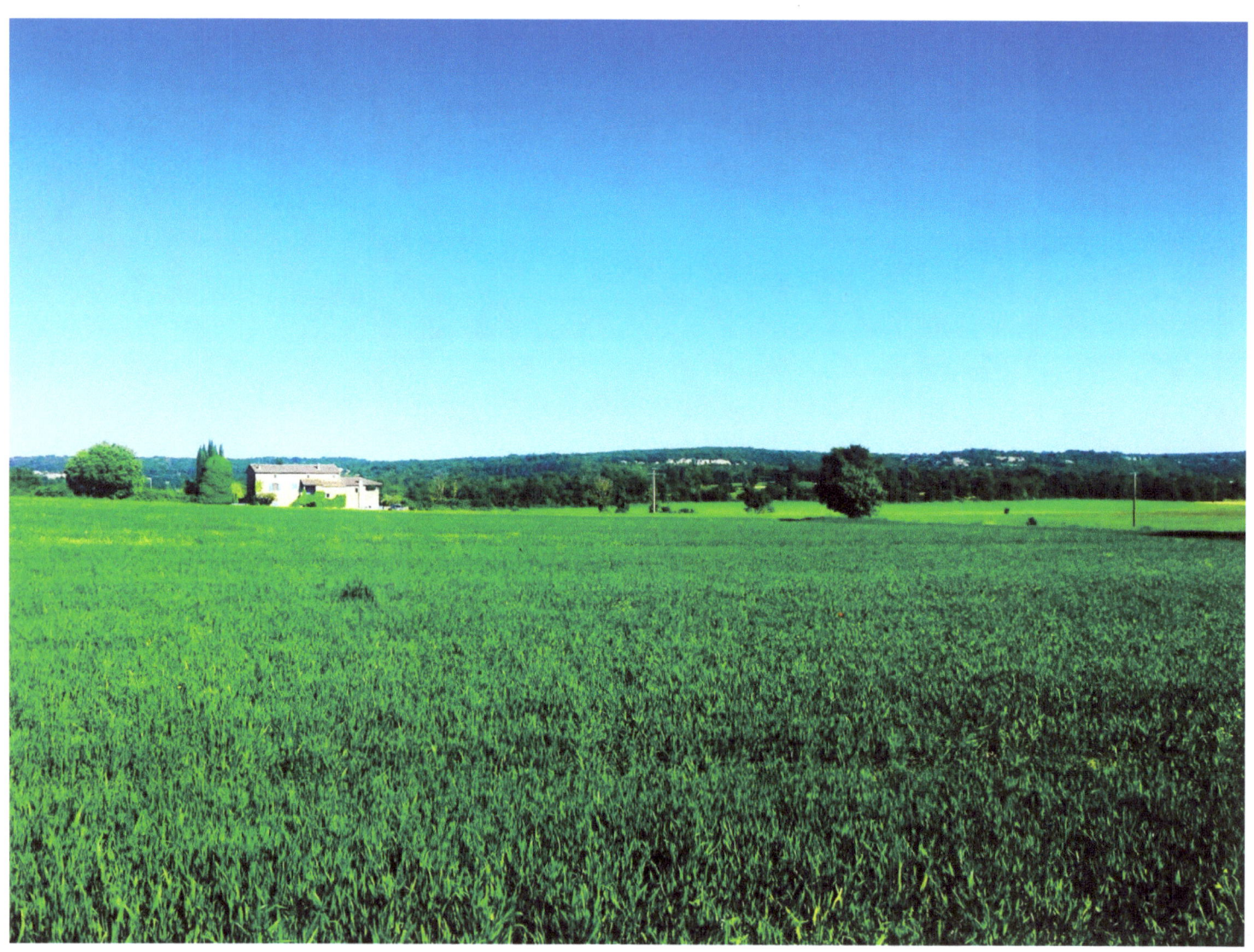

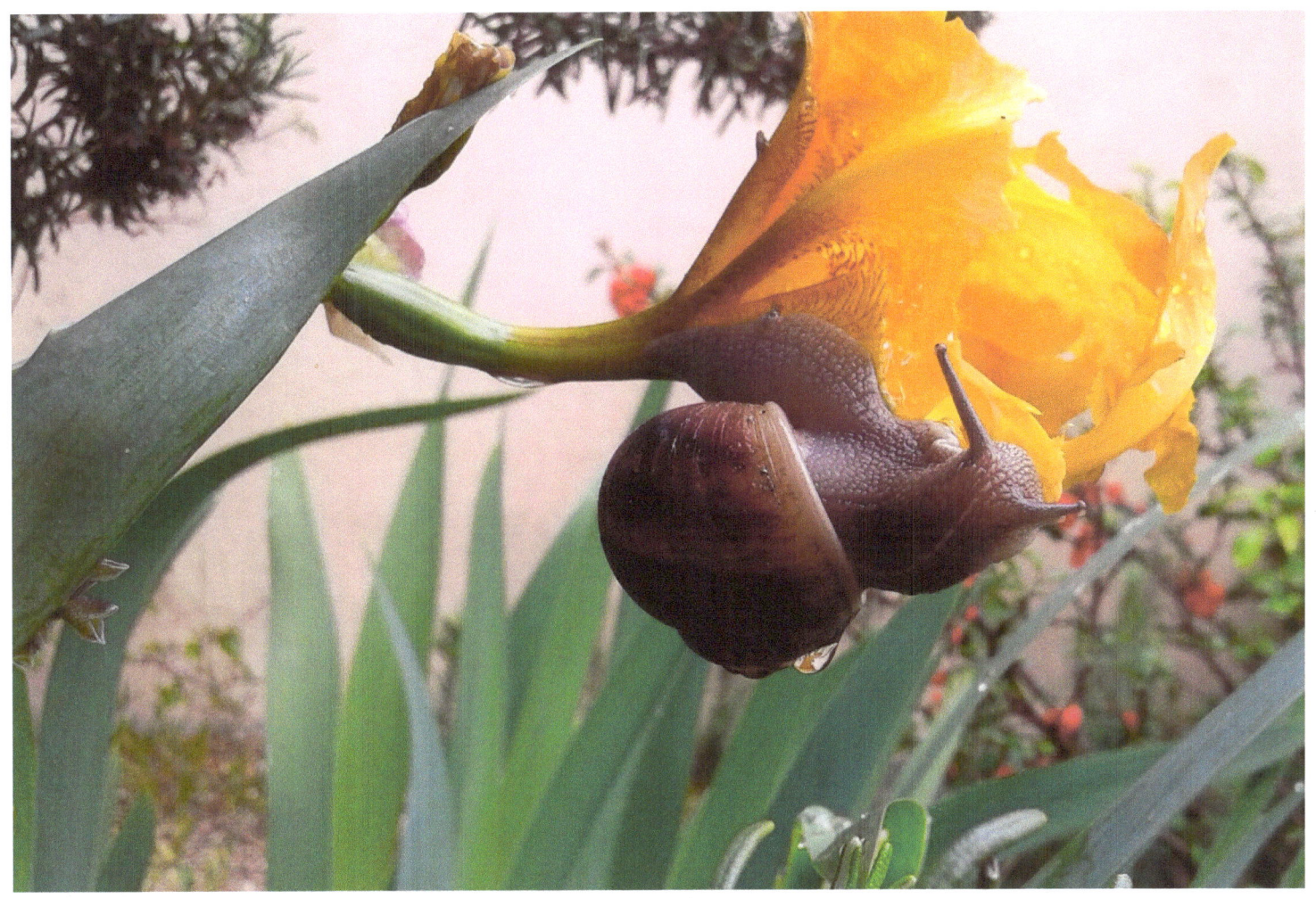

Je prends le temps, je ne suis pas pressé ; je déteste me hâter, à quoi ça sert ?

Je prends le temps, je ne suis pas pressé ; me dépêcher de quoi ? **vite** c'est l'enfer

Je prends le temps, je ne suis pas pressé ; ralentir, ralentir, peur de mourir…

Le Verdon

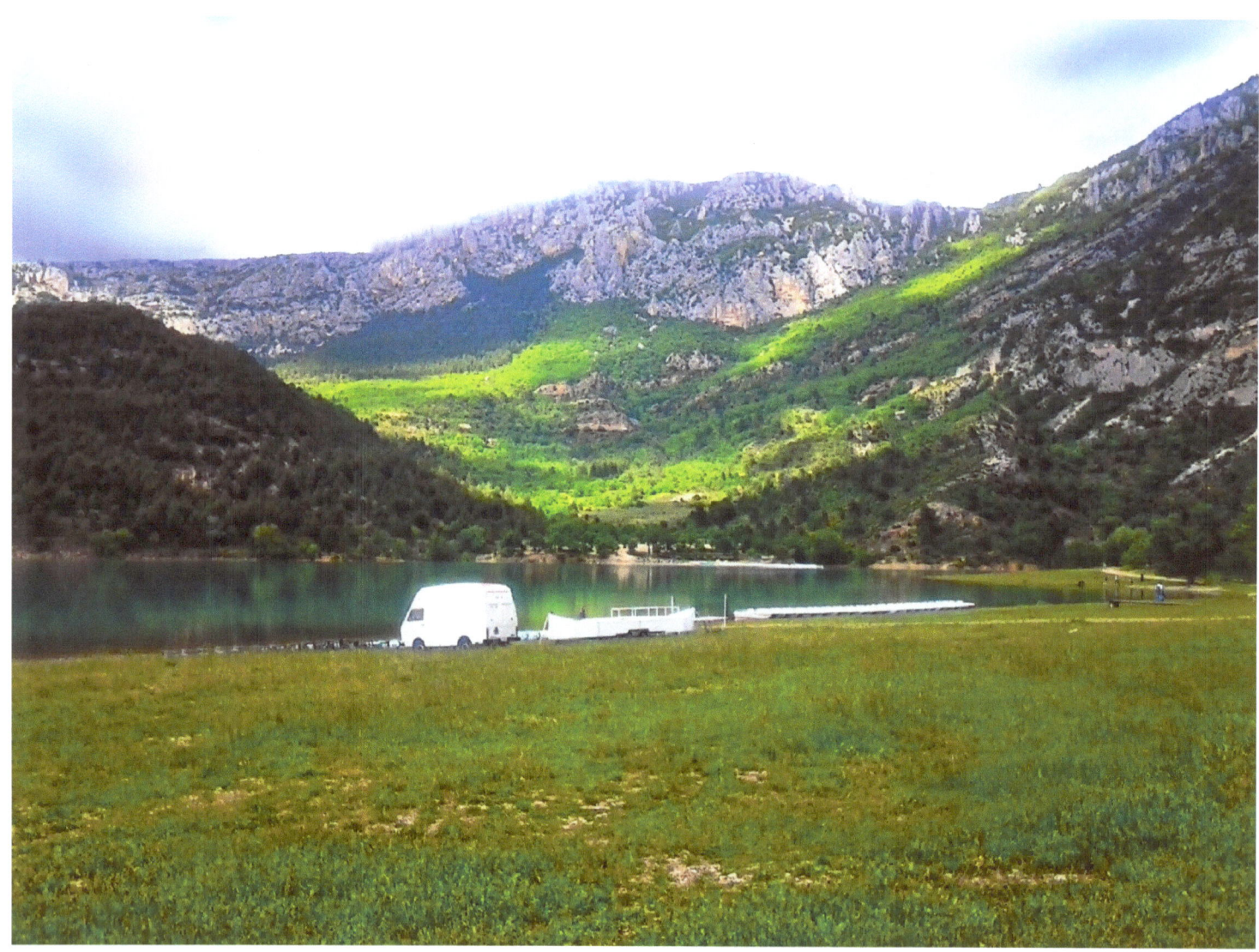

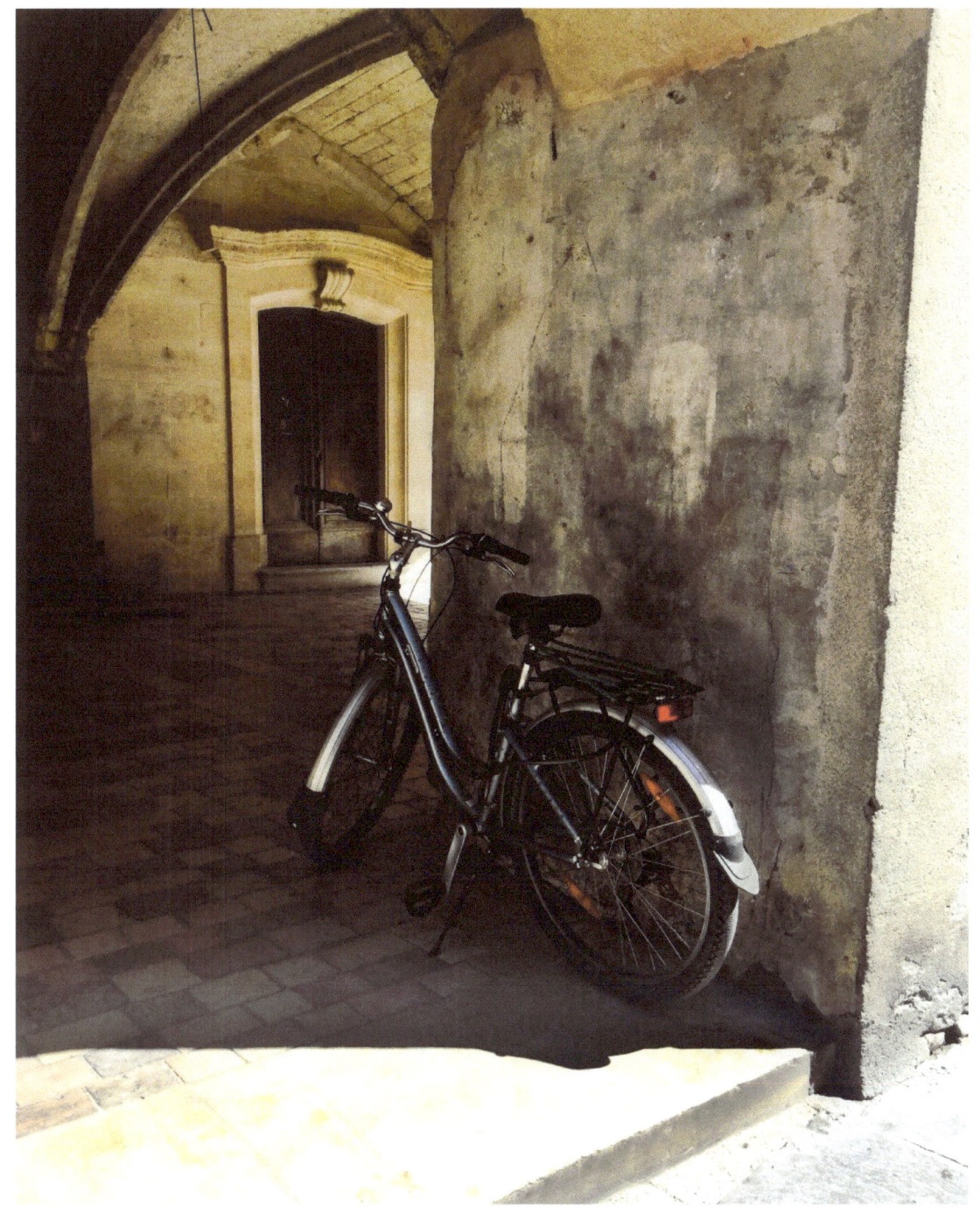

Uzès

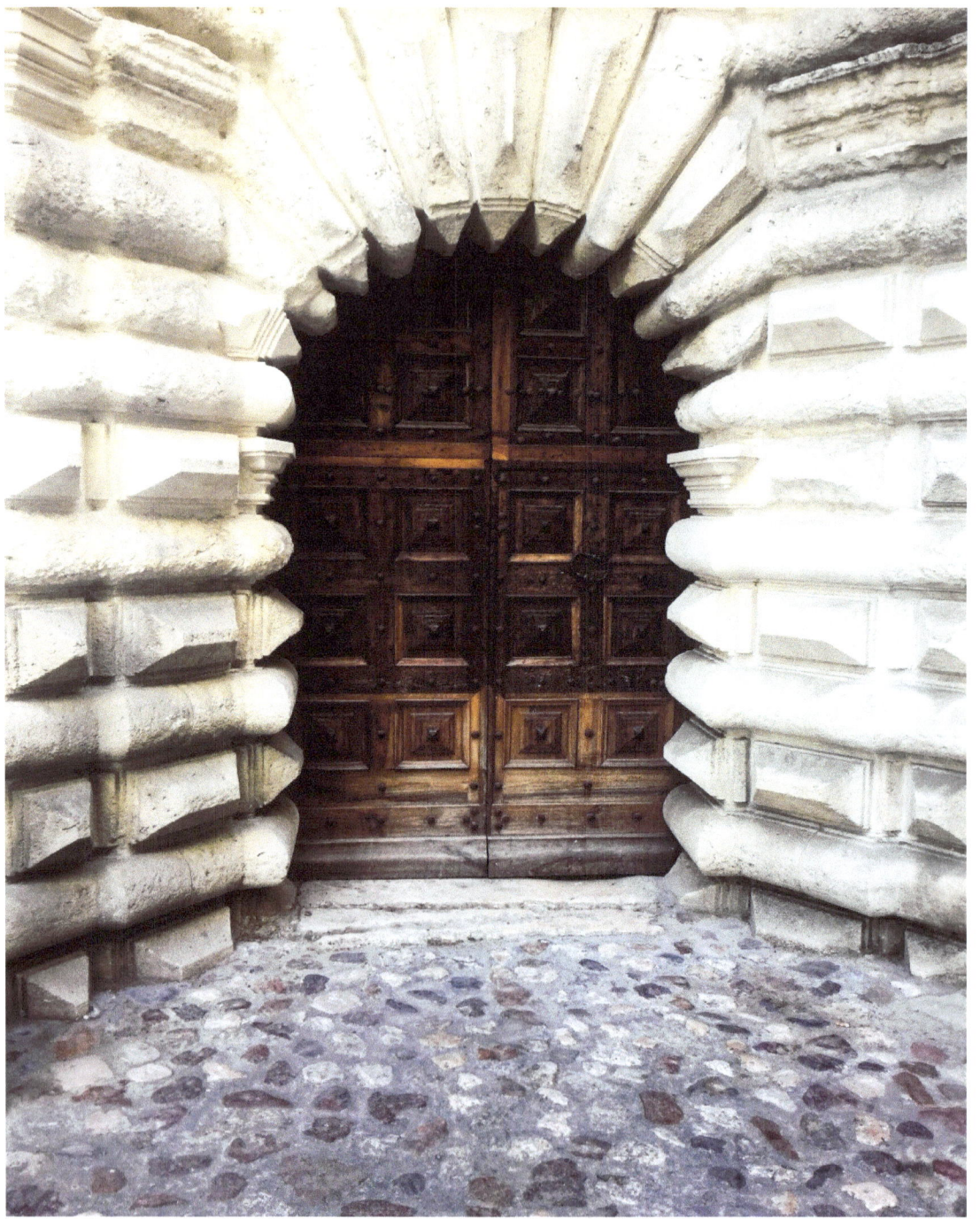

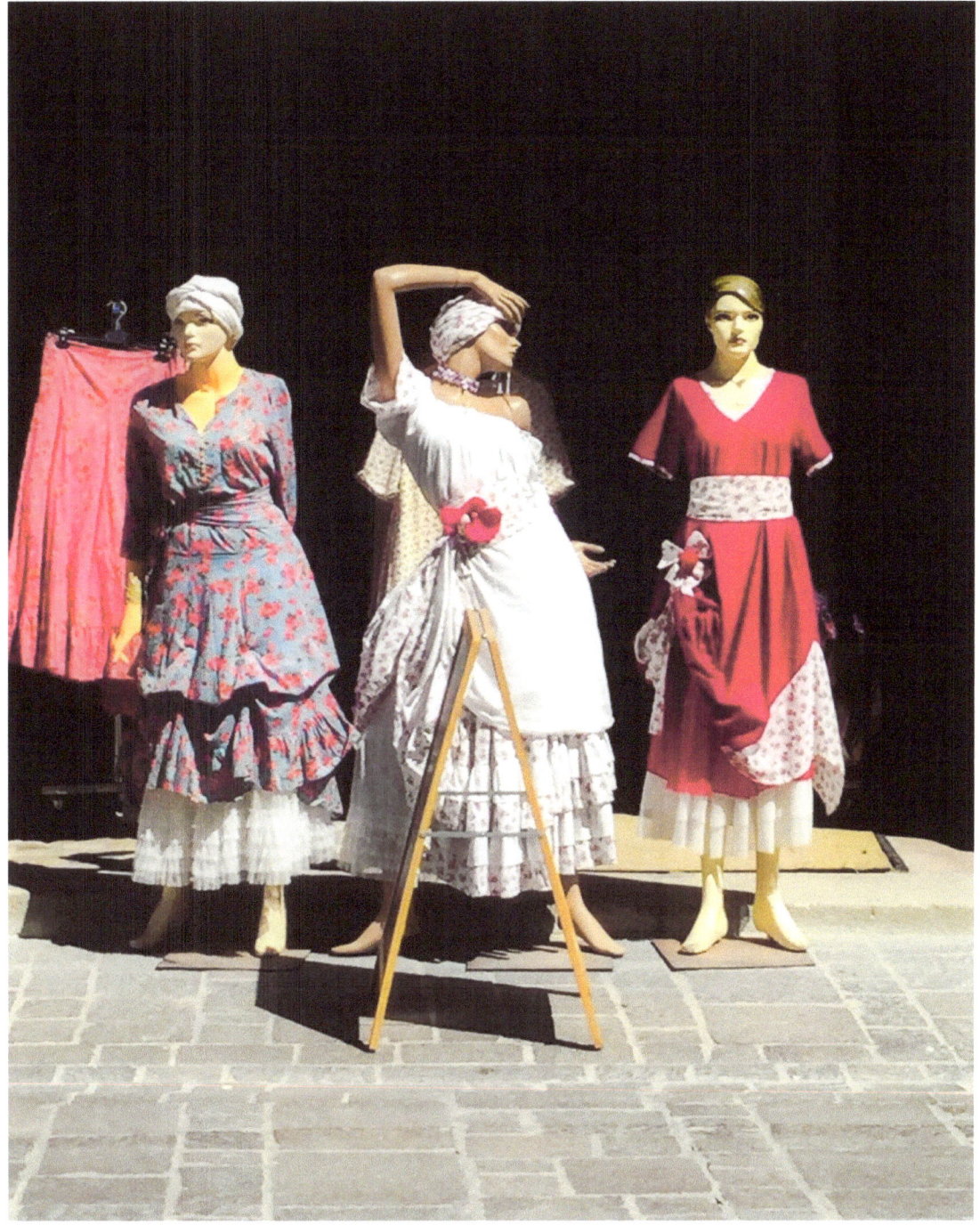

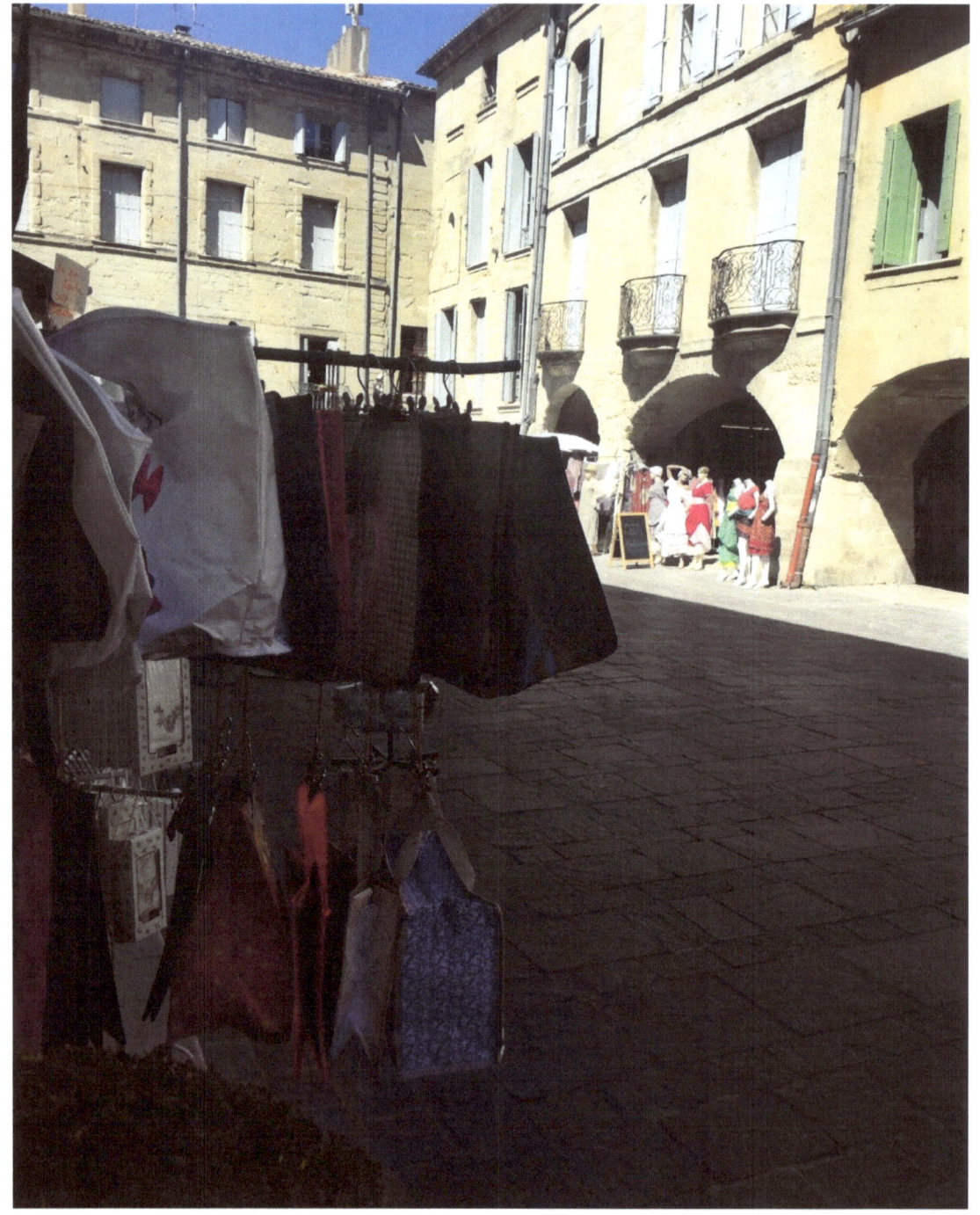

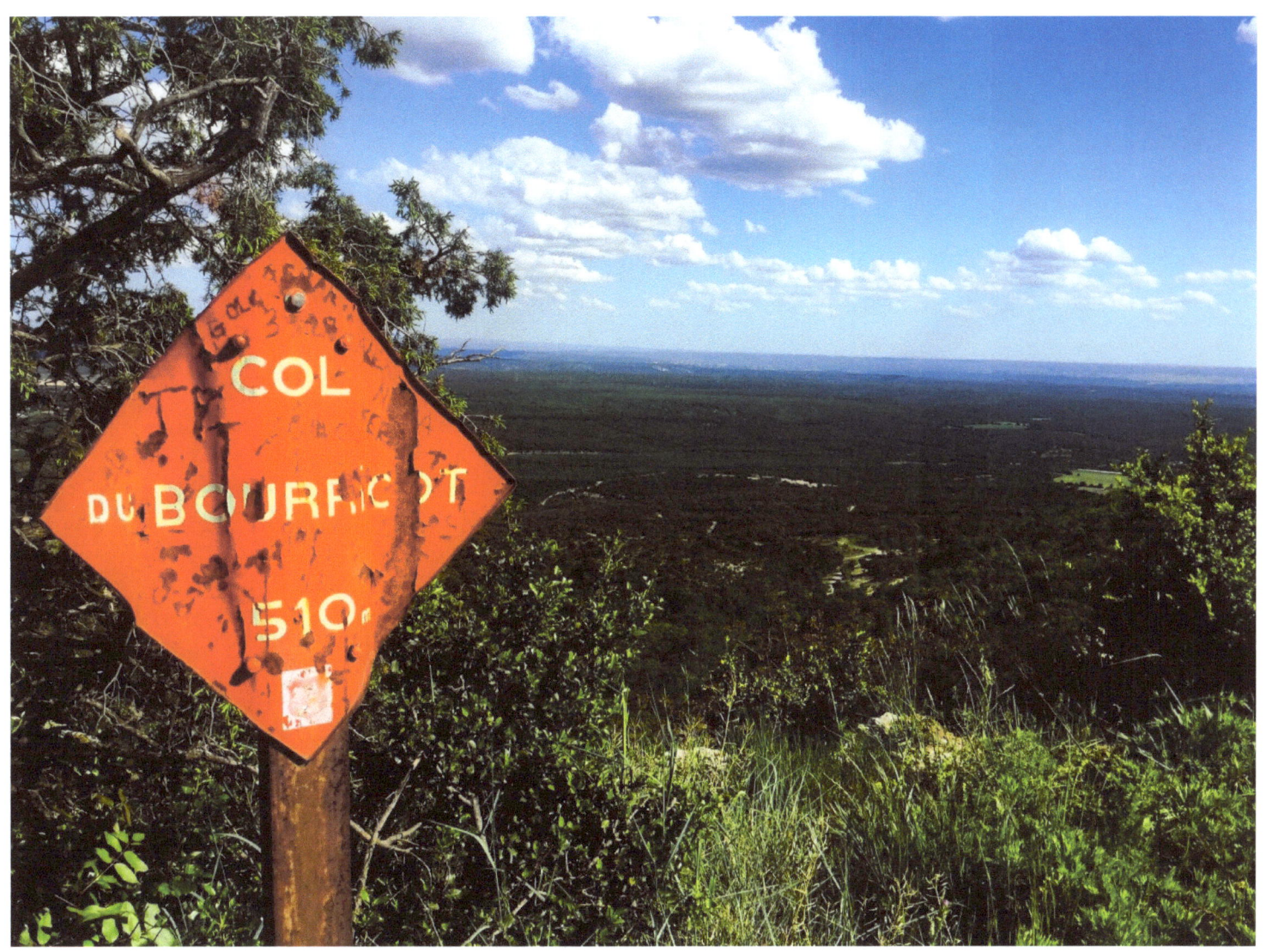

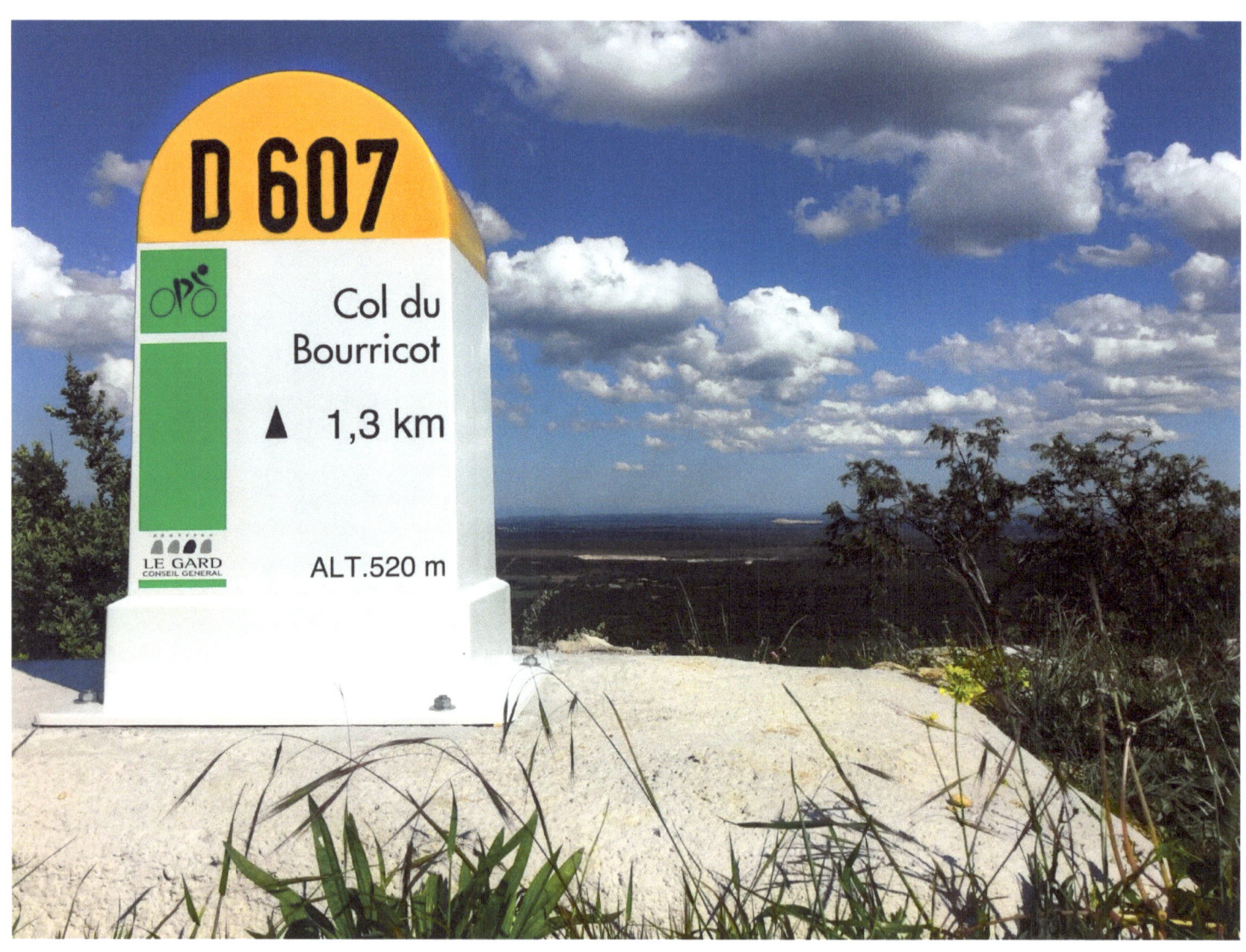

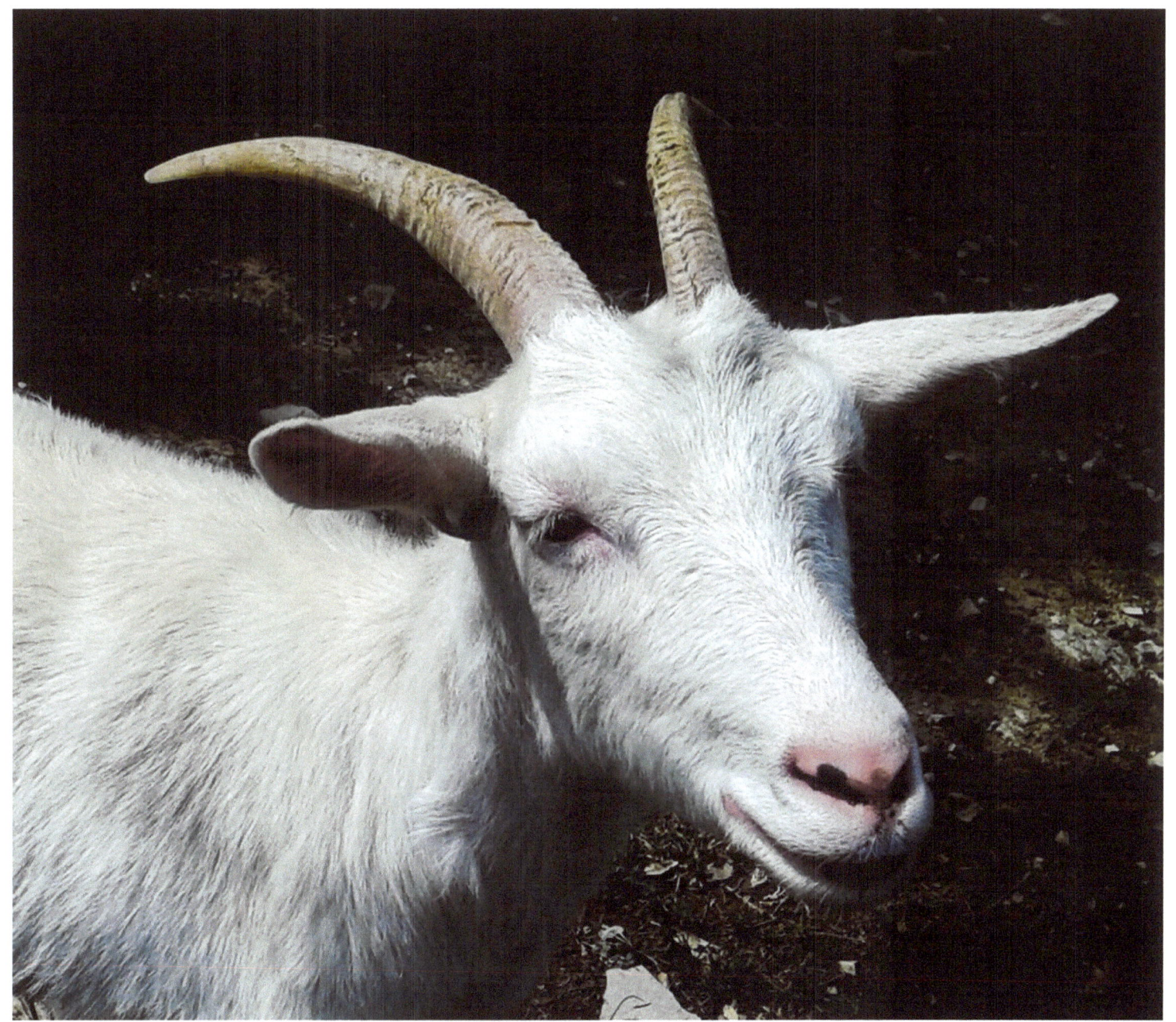

Chèvre de Fons-sur-Lussan

43

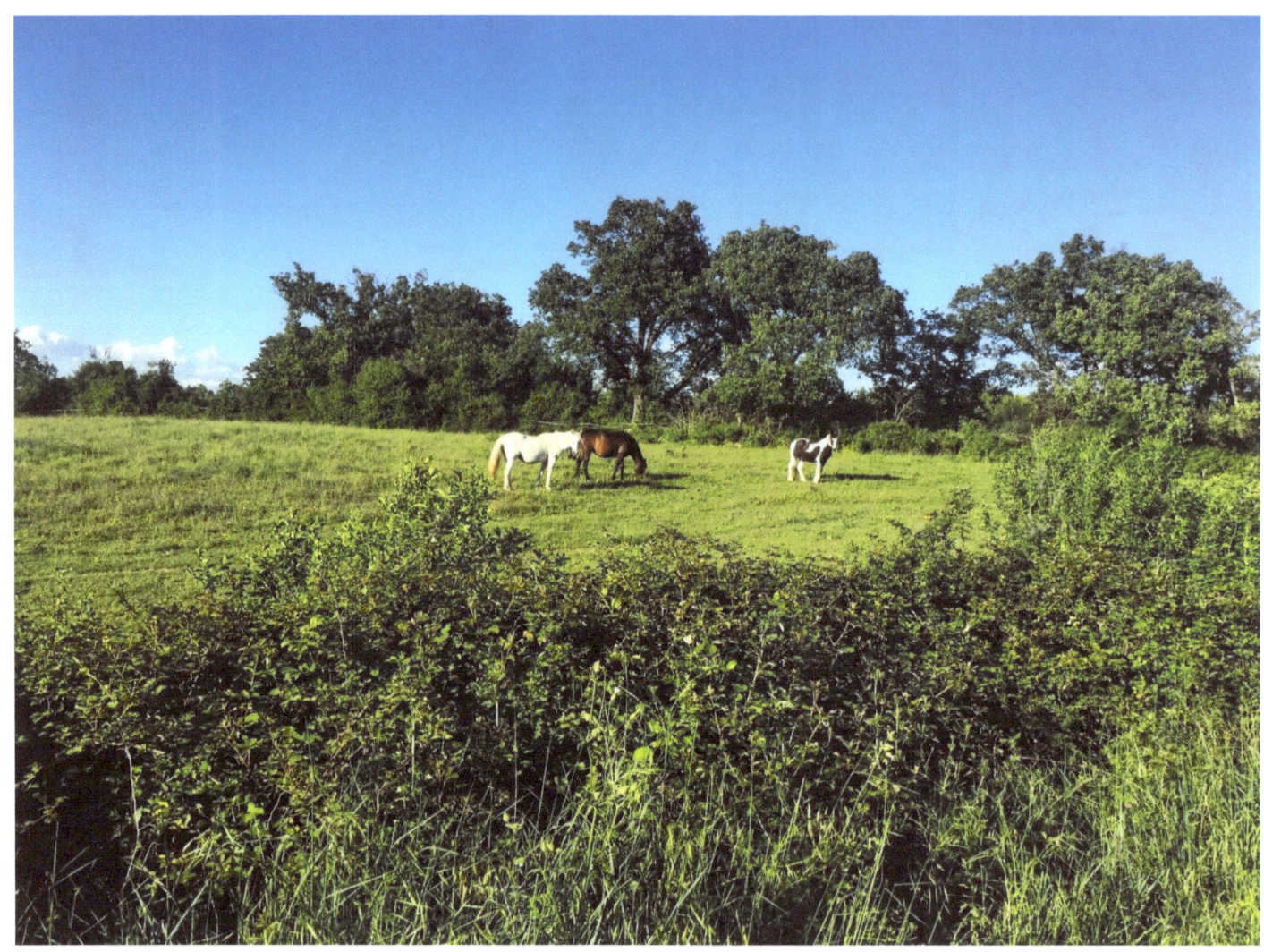

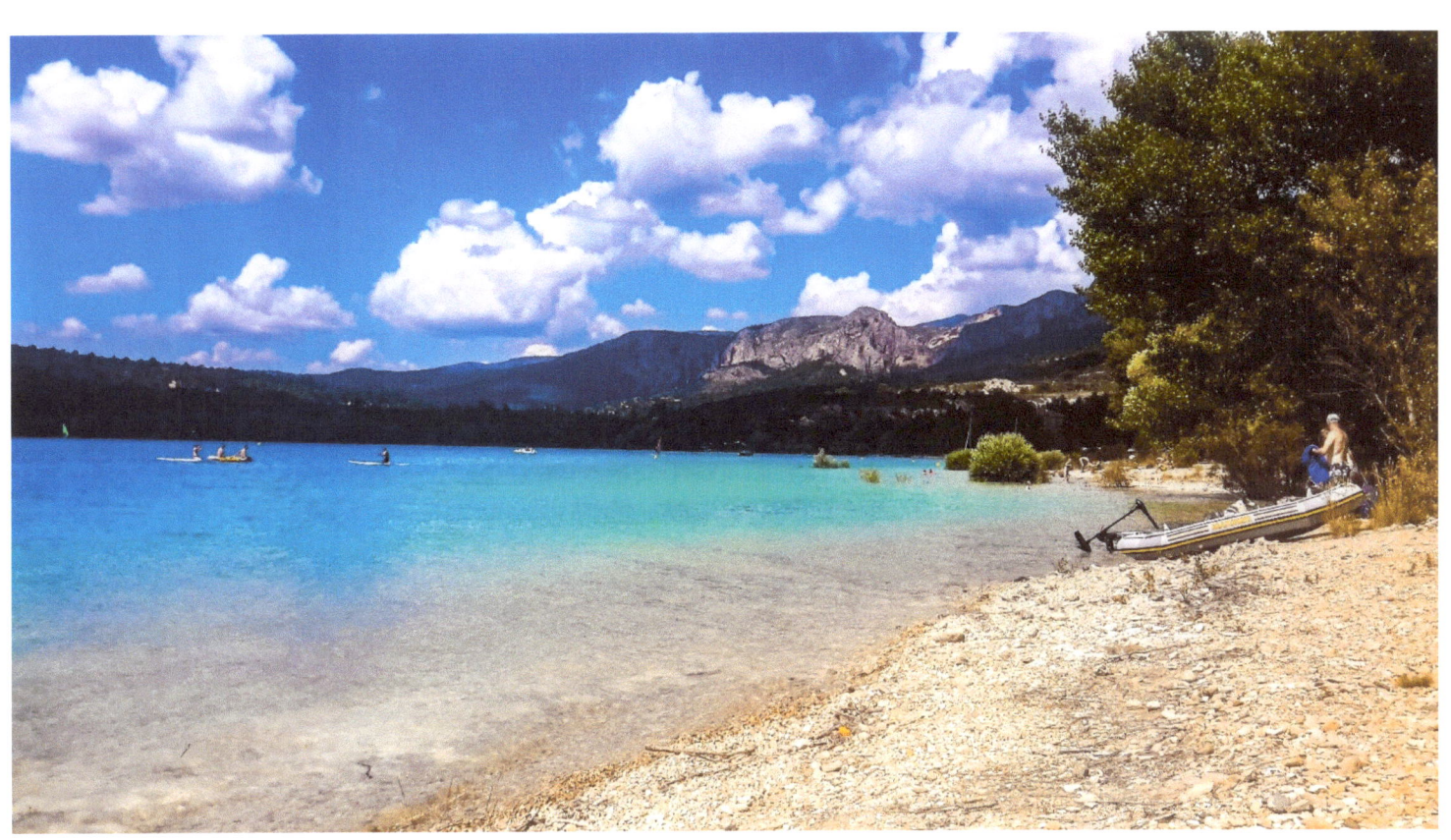

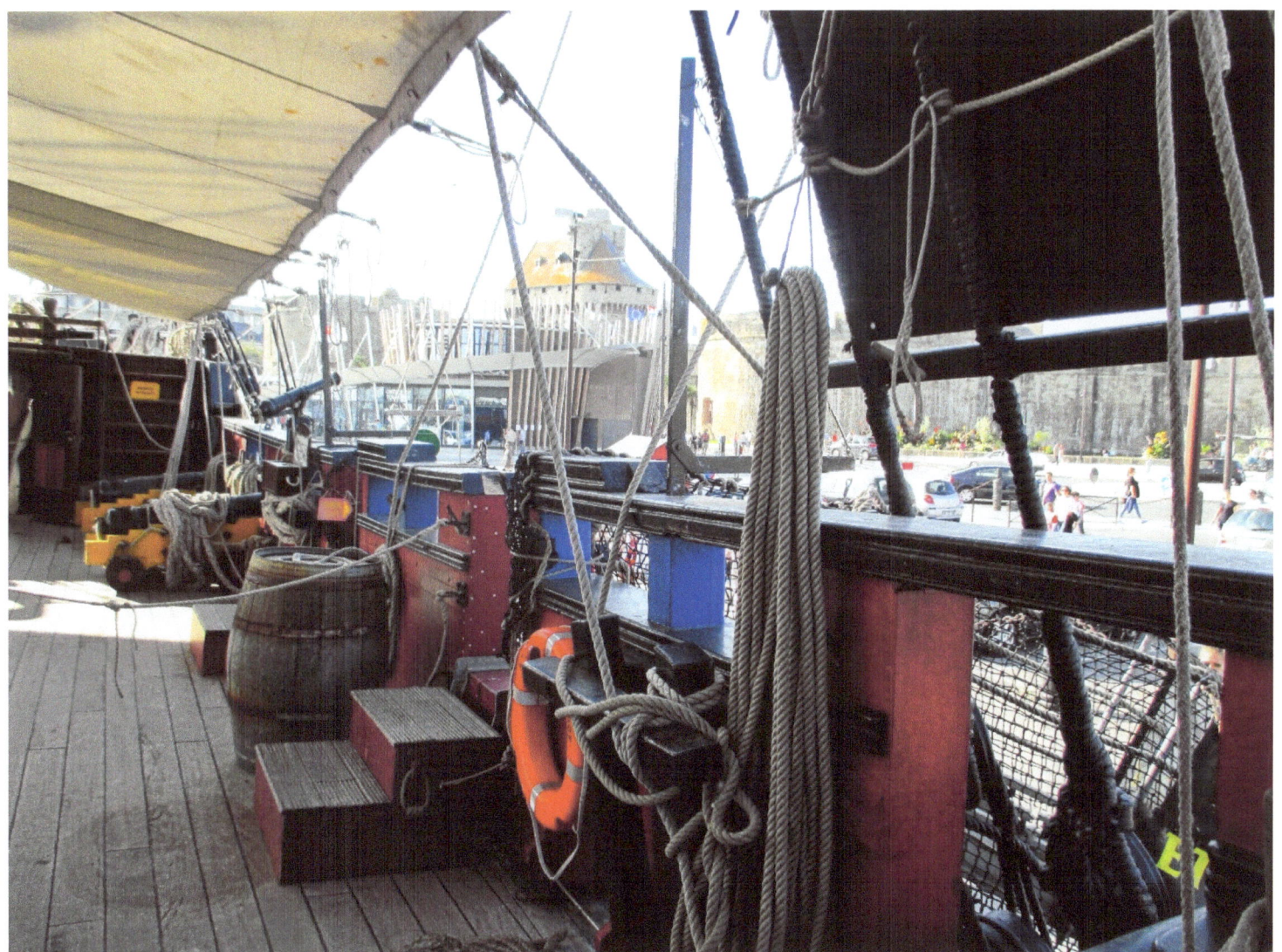

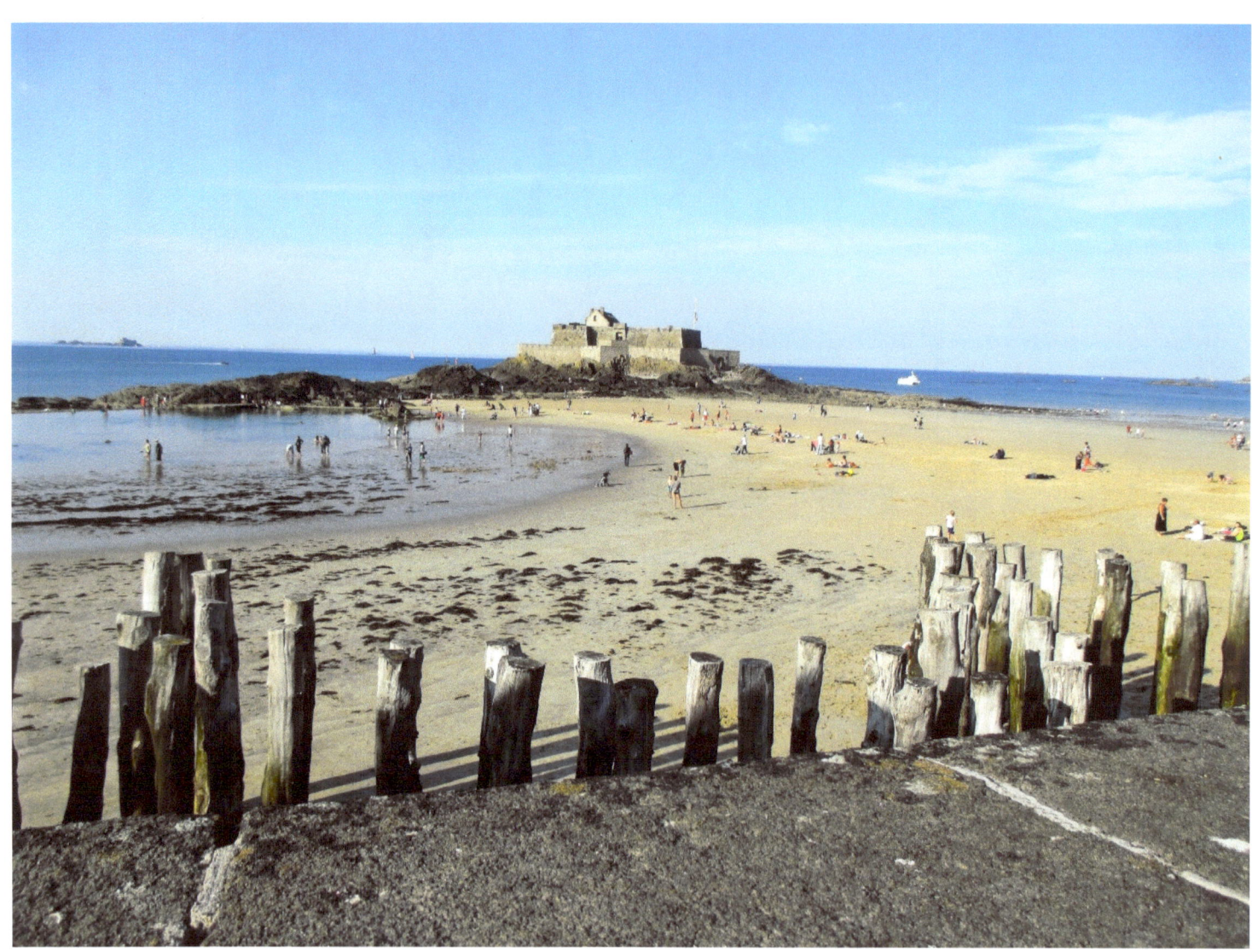

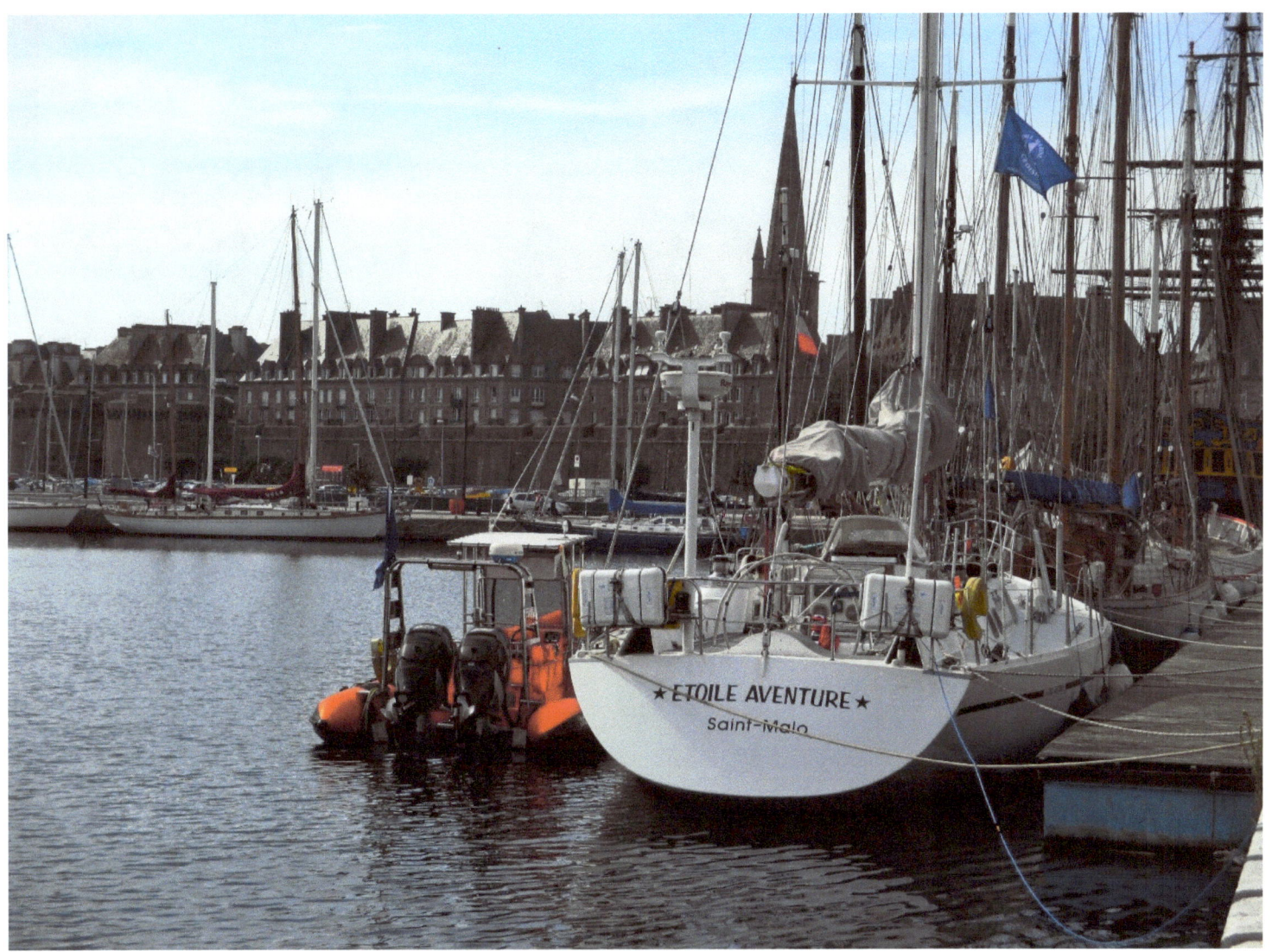

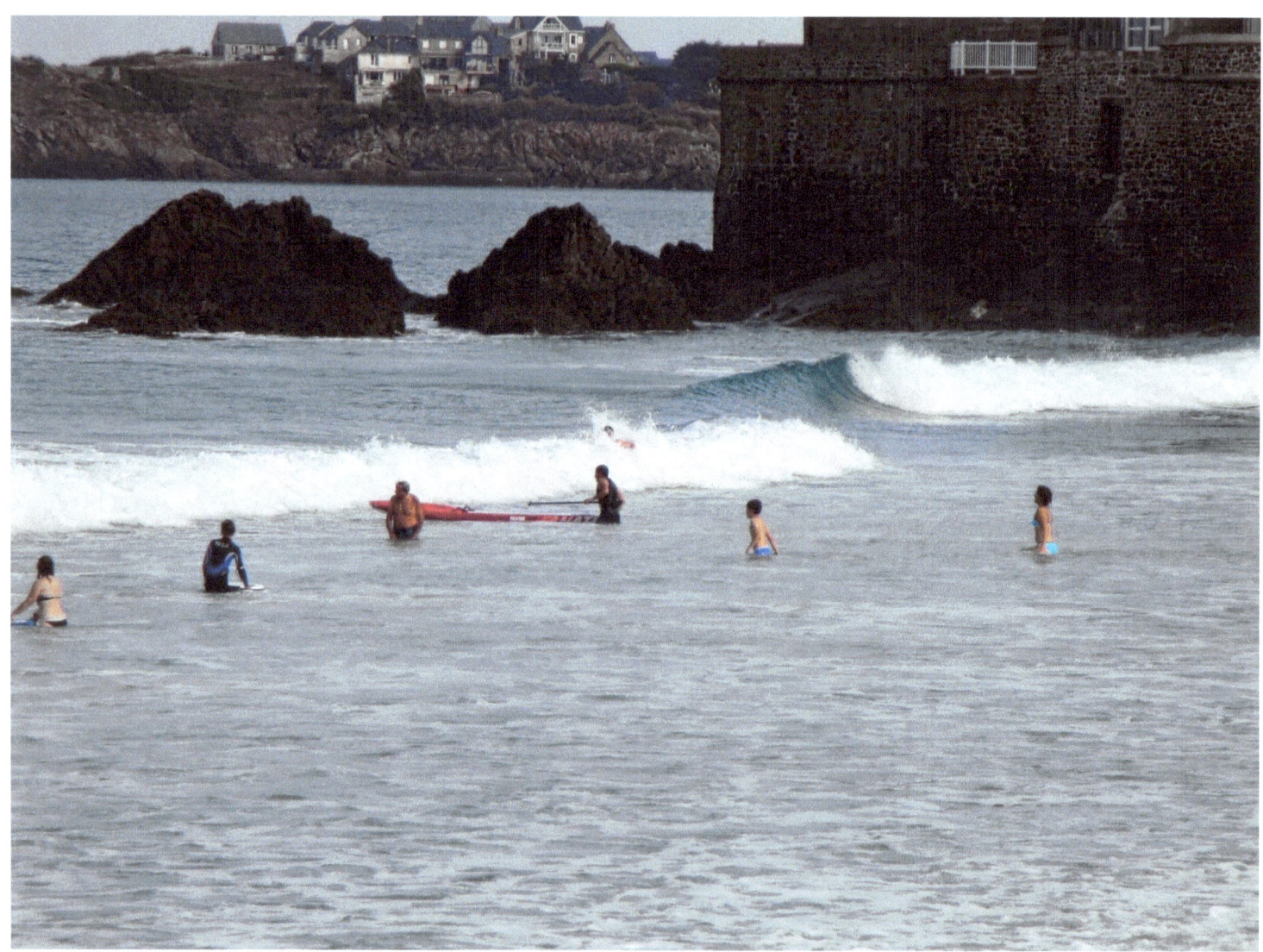

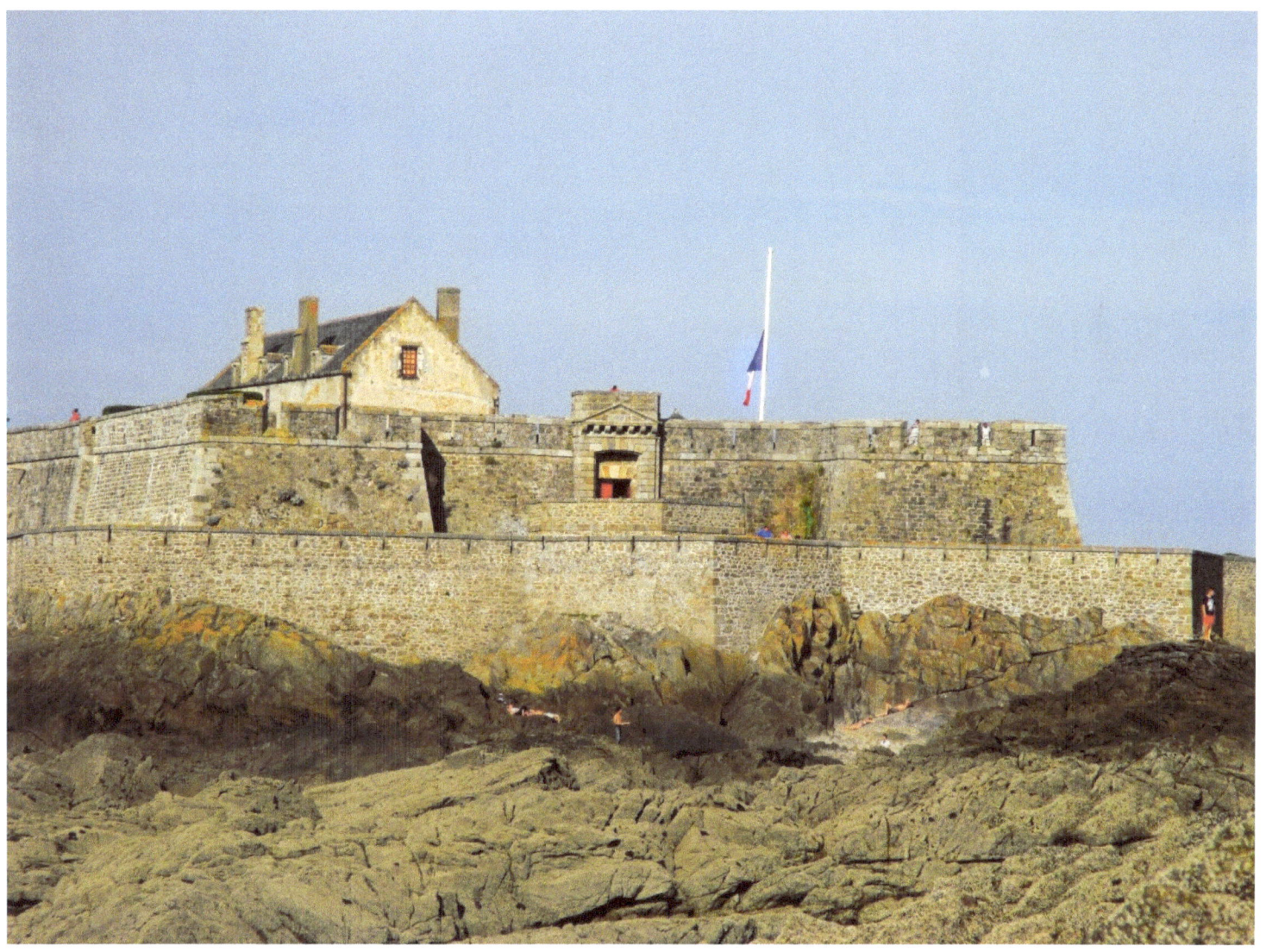

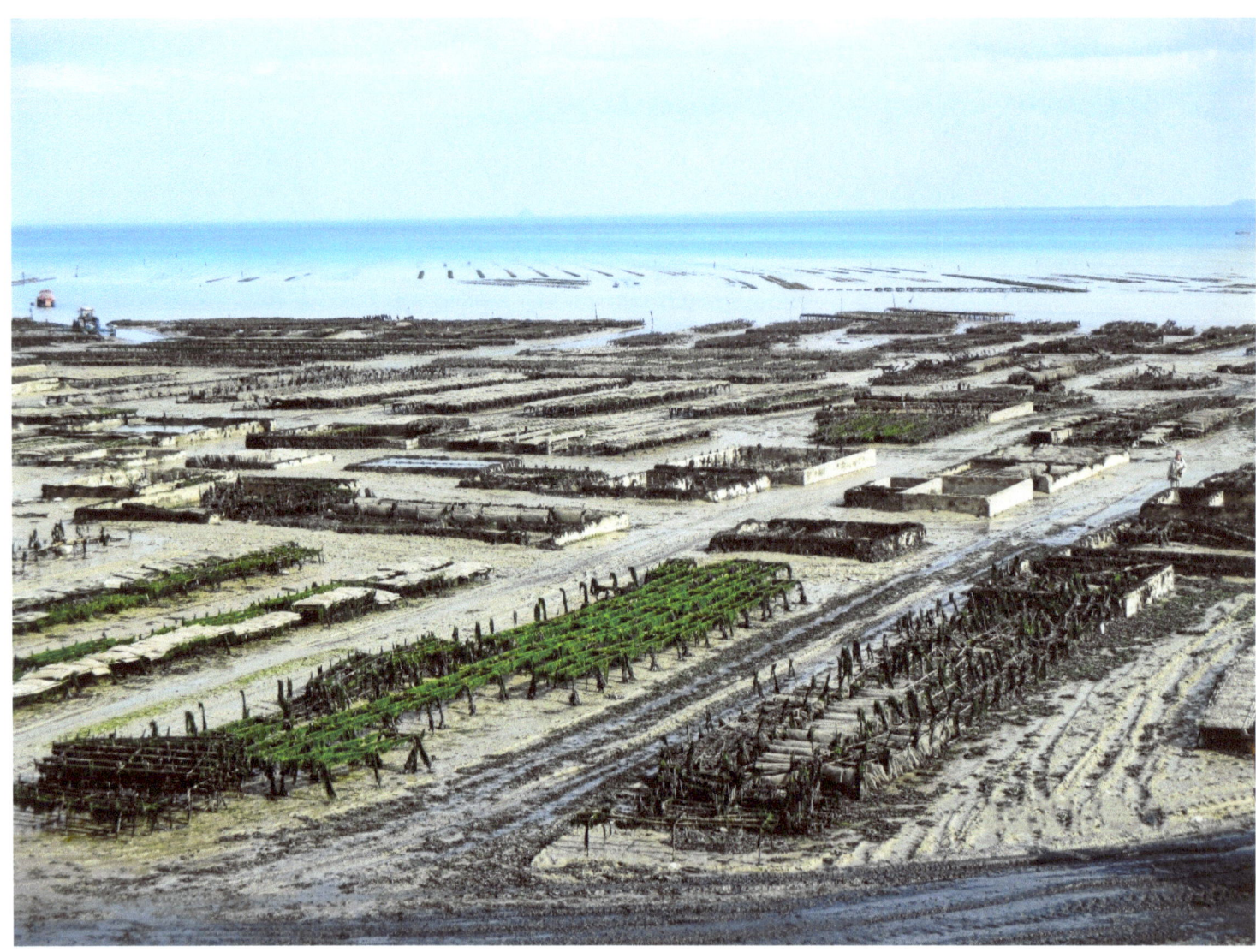

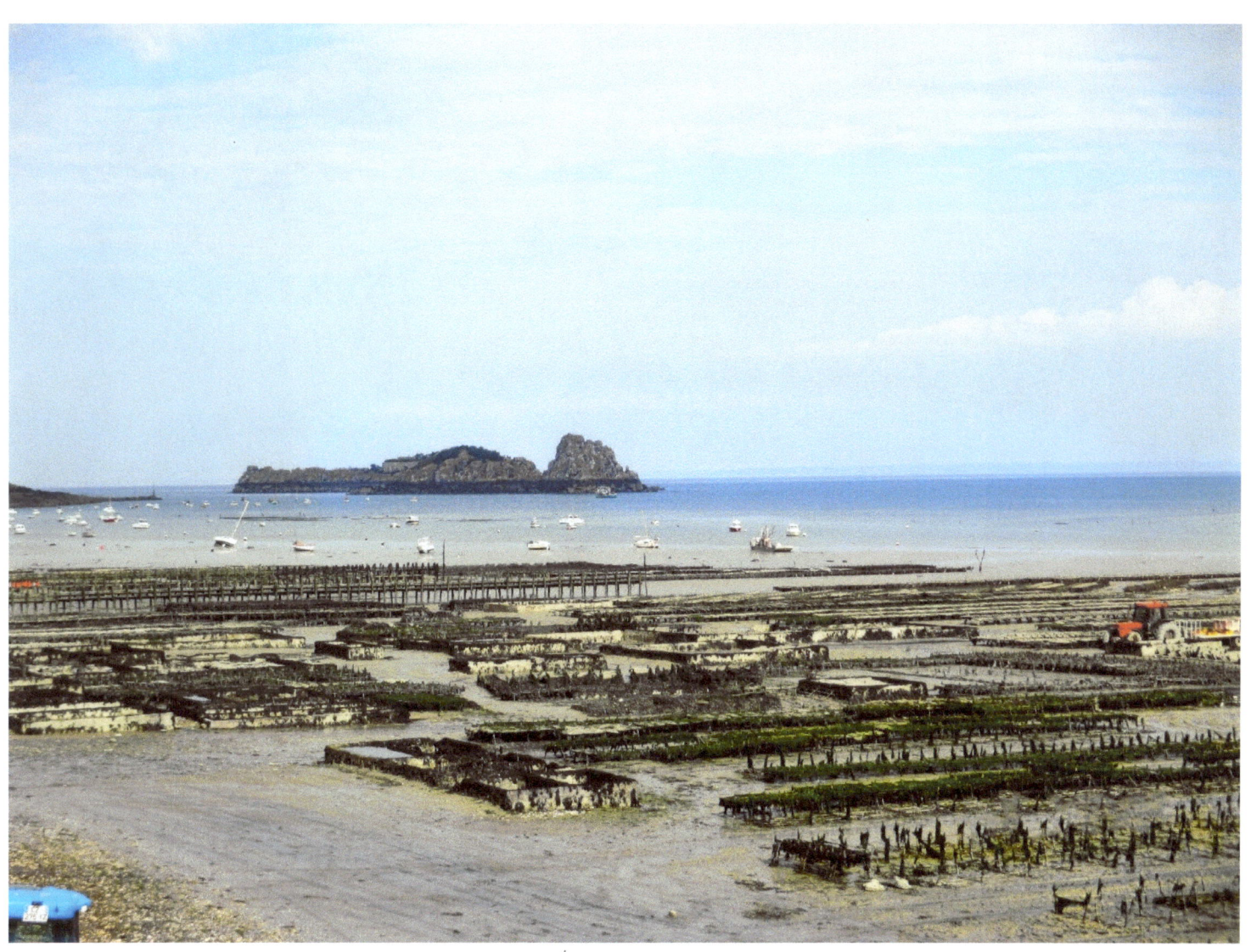

Cancale

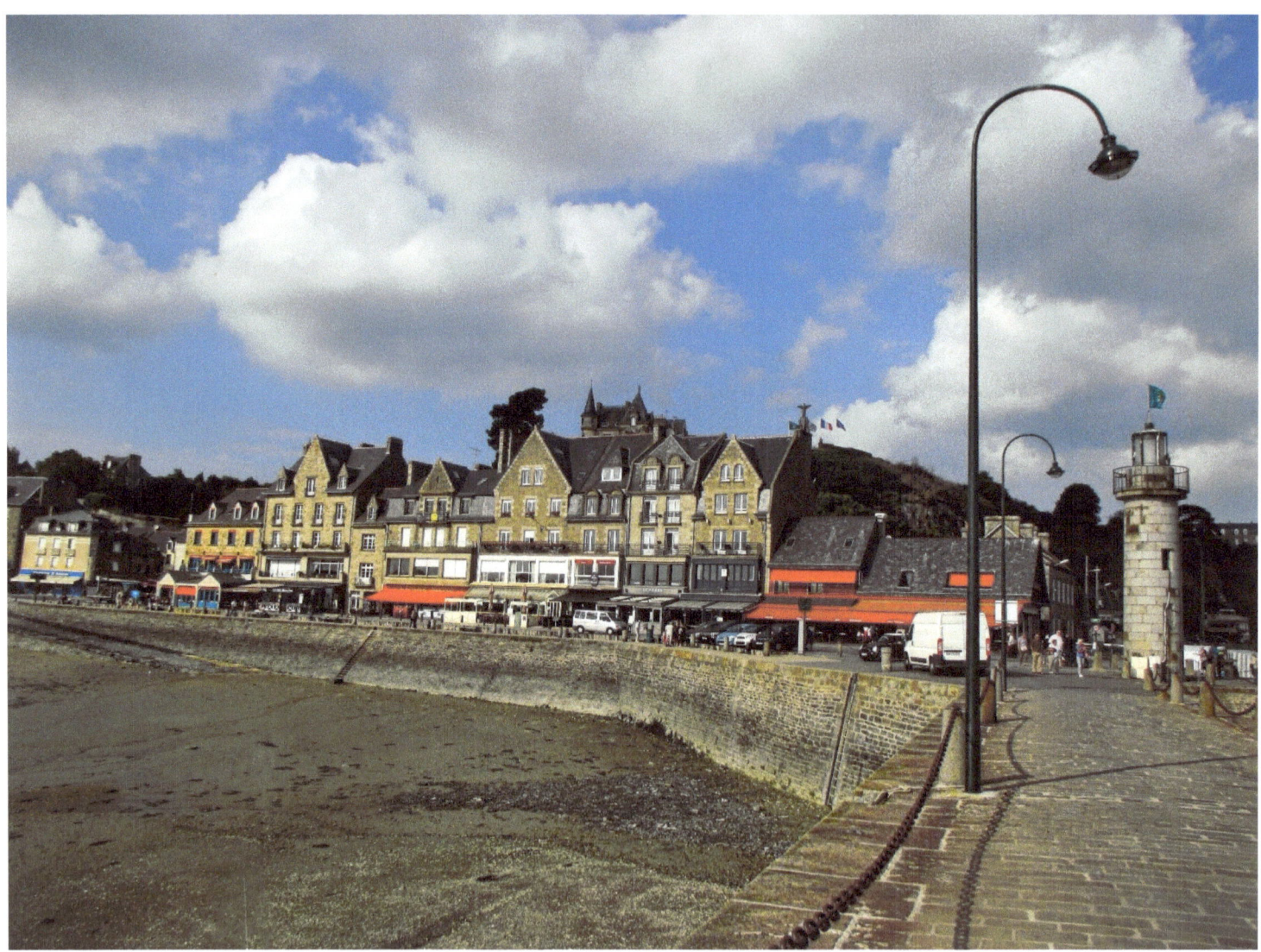

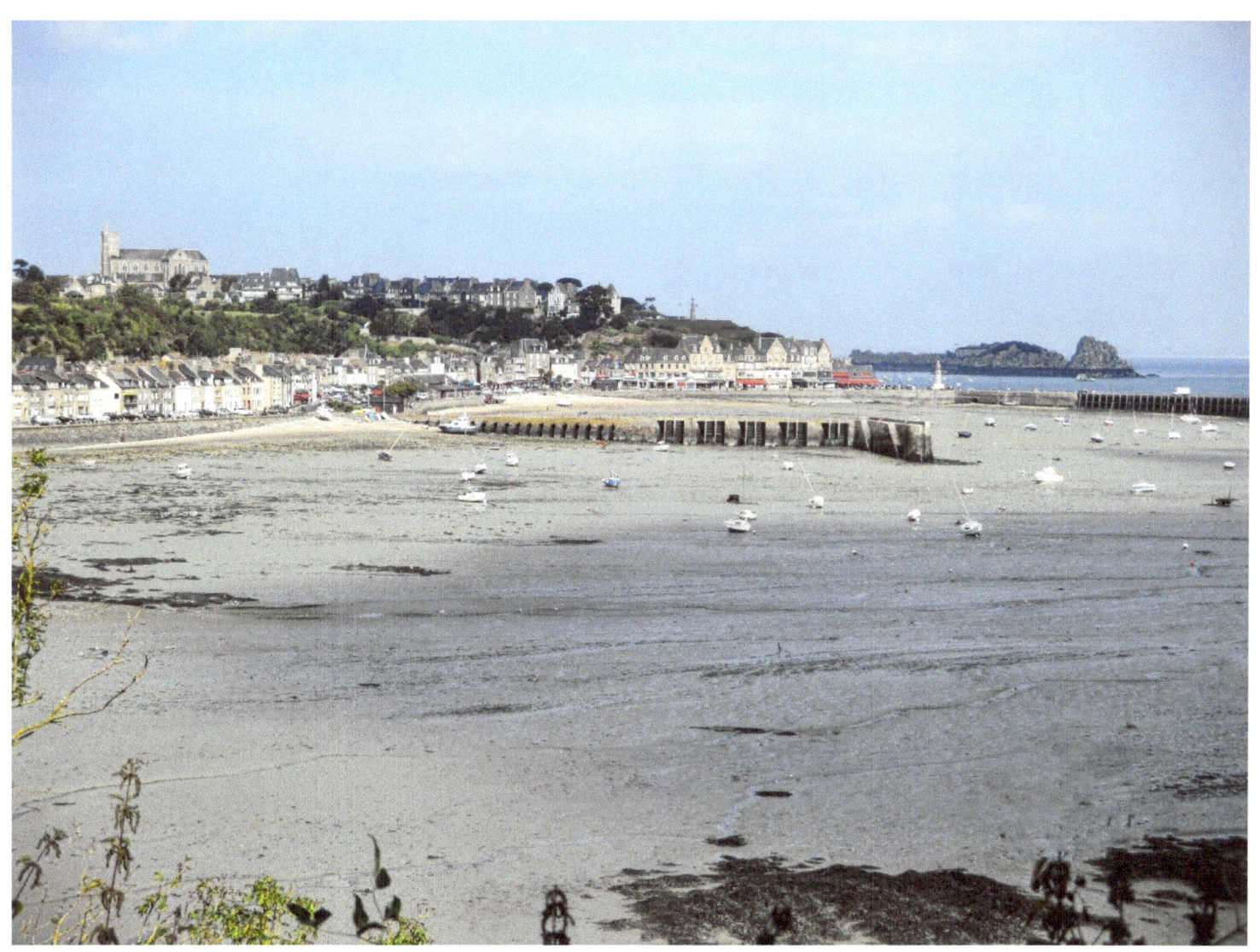

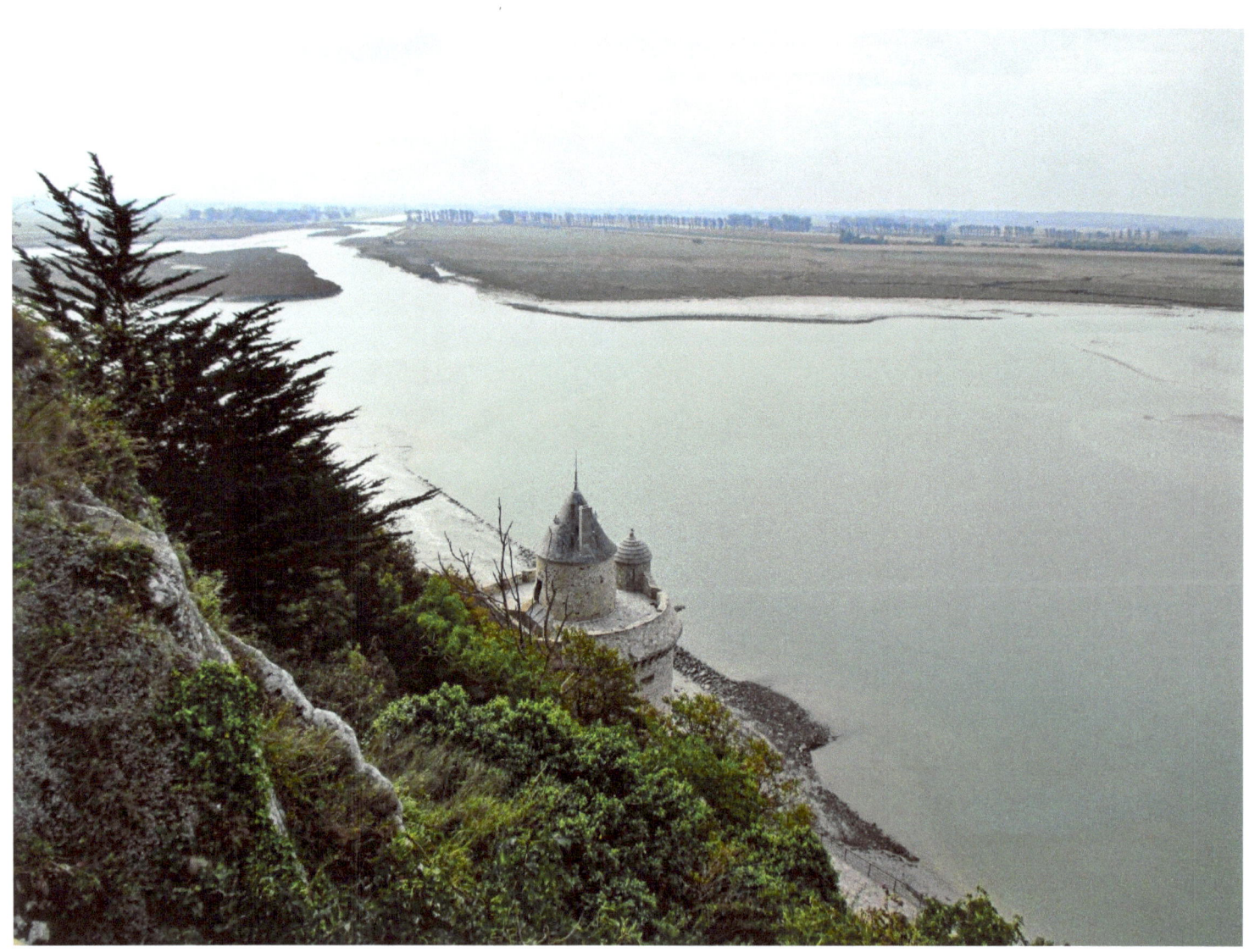

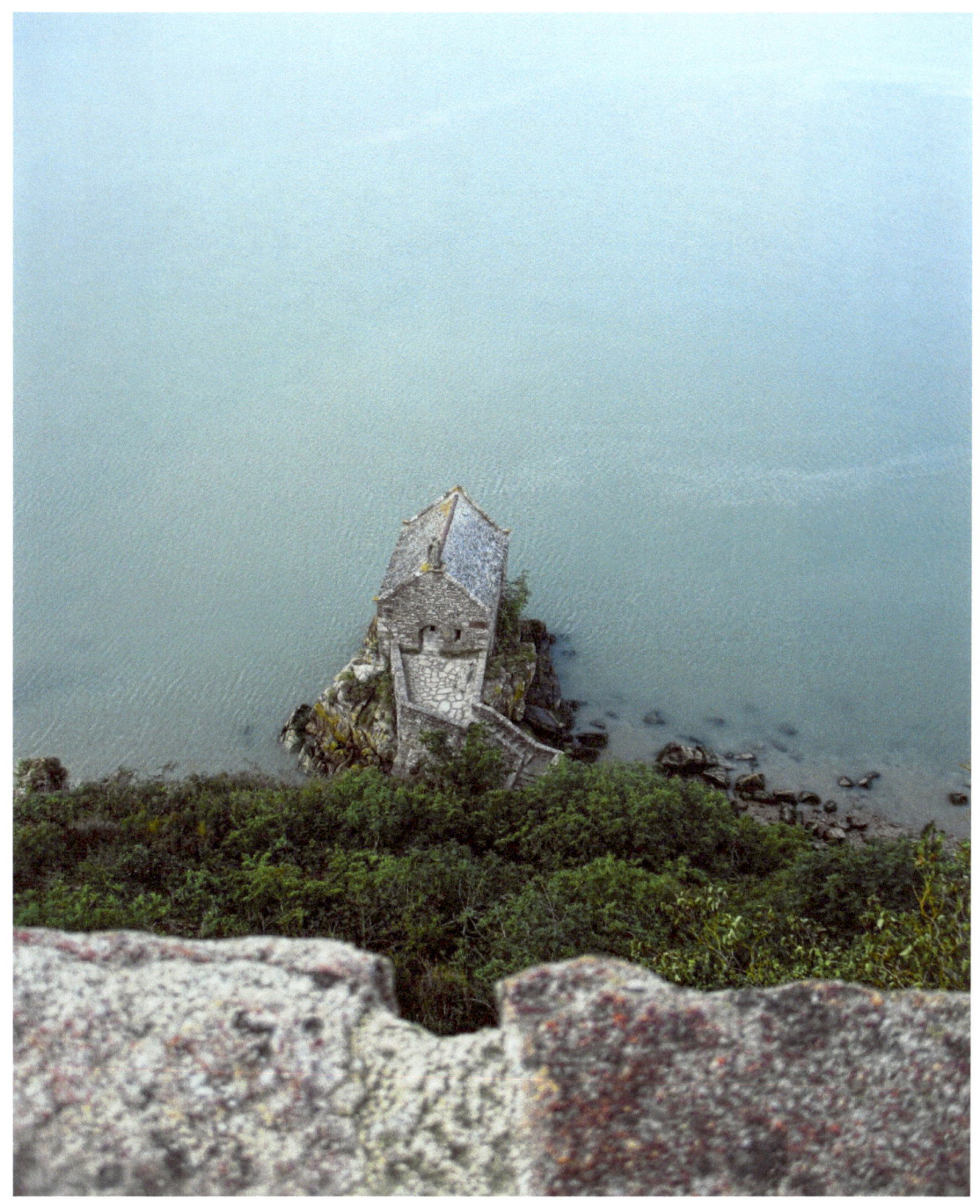

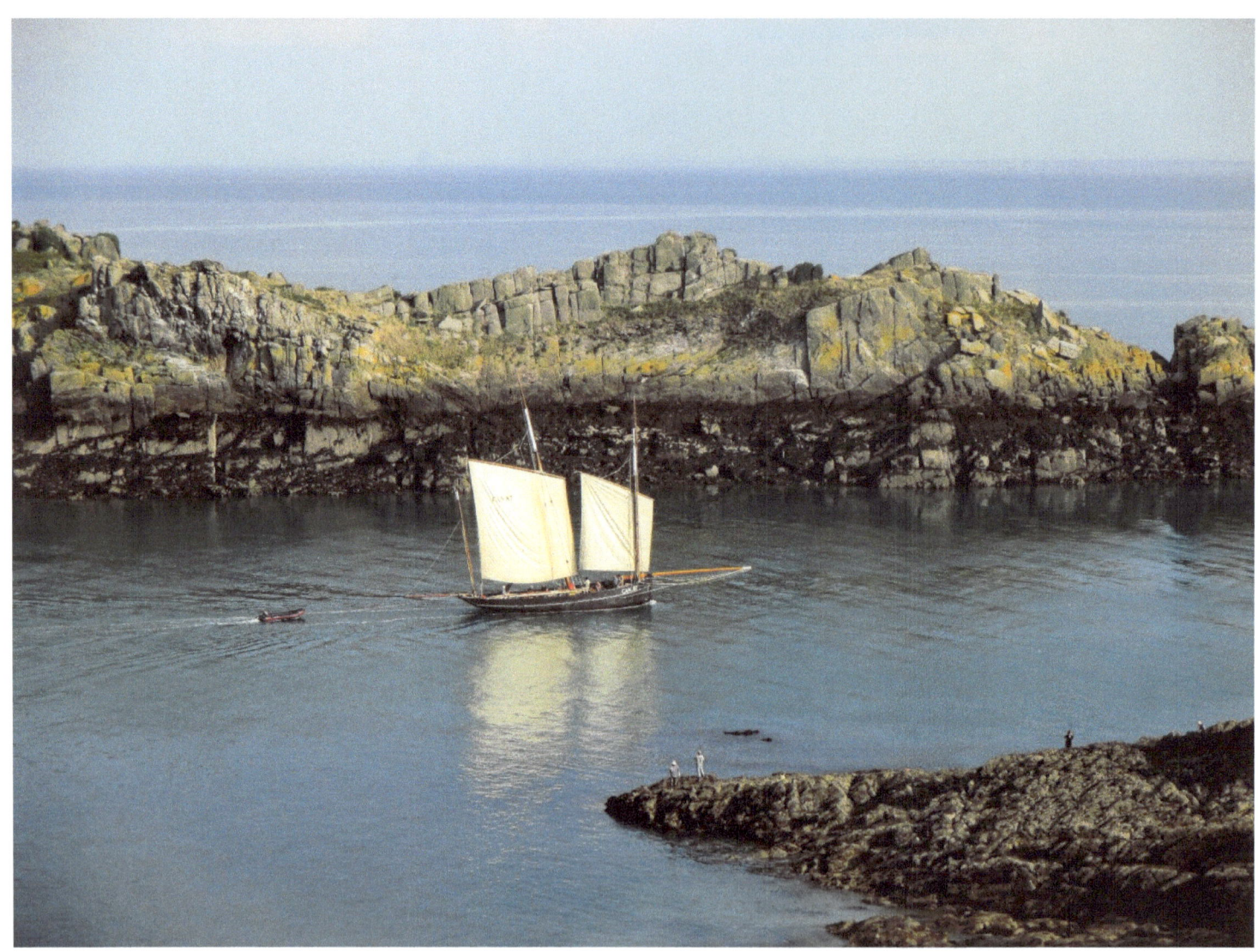

Photographs and poems by Haubyn

-2016-

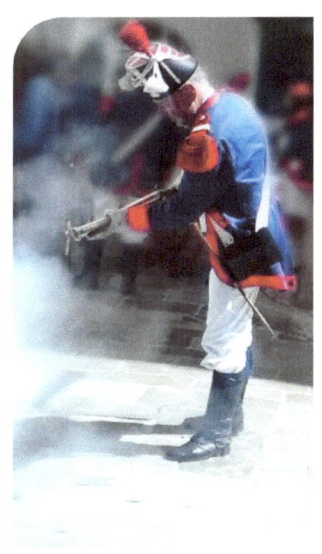

La Bravade, Saint-Tropez

www.ingramcontent.com/pod-product-compliance
Lightning Source LLC
Chambersburg PA
CBHW050802180526

45159CB00004B/1528